Antje Vollmer/Daniela Dahn/Dieter Klein/
Gabriele Zimmer/Ingo Schulze/Michael Brie/Peter Brandt
Neubeginn
Aufbegehren gegen Krise und Krieg

W0068587

Antje Vollmer/Daniela Dahn/Dieter Klein/
Gabriele Zimmer/Ingo Schulze/Michael Brie/Peter Brandt

Neubeginn

Aufbegehren gegen Krise und Krieg

Herausgegeben von der Gruppe Neubeginn

Eine Flugschrift

VSA: Verlag Hamburg

www.vsa-verlag.de

© VSA: Verlag Hamburg 2022, St. Georgs Kirchhof 6, 20099 Hamburg
Alle Rechte vorbehalten
Die Rechte der einzelnen Beiträge liegen bei den Autorinnen und Autoren
Umschlagfoto: Elias Bartl, Hamburg
Druck und Buchbindearbeiten: Beltz Grafische Betriebe GmbH,
Bad Langensalza
ISBN 978-396488-138-0

Inhalt

Notwendiges Geleitwort

Das Manuskript dieses Buches lag zum Druck bereit, als am 24. Februar 2022 russische Truppen die Ukraine überfielen. Das Buch versammelt Artikel aus den letzten Monaten. Viele Beiträge befassen sich kritisch mit dem Verhältnis des Westens zum postsowjetischen Russland. Sie dokumentieren den jeweiligen Stand unserer Erkenntnis und internen Debatten und unser Bemühen, dem neuen geopolitischen Kalten Krieg etwas entgegenzusetzen. Den so nahen heißen Krieg haben wir uns nicht vorstellen können. Niemand von uns hätte es für möglich gehalten, dass die russische Armee auf Kiew, Charkiw oder Odessa marschiert und einen großen Krieg entfesselt.

Wir verurteilen diesen Krieg, so wie wir vorhergehende Kriege mit Entschiedenheit abgelehnt haben. Wir haben uns in den Texten dieses Buches für die strikte Einhaltung des Völkerrechts und der UN-Charta eingesetzt. Jeder, der dagegen verstößt, muss zur Verantwortung gezogen werden. Unsere Solidarität gilt den Menschen in der Ukraine, einem Land, in dem, ähnlich wie in Russland, die Traumata des Zweiten Weltkrieges, die Verbrechen der NS-Besatzung und des Stalinismus nachwirken. Putins Krieg hat keine reale Begründung, seine Drohung mit Atomwaffen und deren Versetzung in den Alarmzustand ist ein zynisches Spiel mit dem Weltfrieden. Er gefährdet nicht nur die Ukraine und Europa, er verdüstert auch die Zukunft seines eigenen Volkes.

Es ist gerade jetzt bitter festzustellen, dass die Chancen vertan wurden, die sich 1989/1990 eröffnet hatten. Die Aufgabe, damals eine gesamteuropäische Sicherheitsstruktur aufzubauen, das Haus Europa gemeinsam zu gestalten, wurde weitgehend durch die Erweiterung der westlichen Strukturen der NATO ersetzt. Imperiale Kriege des Westens zur Durchsetzung einer von den USA beherrschten Weltordnung bestimmten die Tagesordnung. Zugleich wurden die demokratischen Errungenschaften der Perestroika und der Jahre danach in Russland und einigen anderen

Nachfolgestaaten der Sowjetunion immer weiter abgebaut. Die russische Führung unter Putin formulierte schließlich eine eigene imperiale Gegenagenda. Die Ukraine wie andere Staaten in Osteuropa, dem Kaukasus, in Mittelasien oder dem Nahen Osten und Nordafrika gerieten immer tiefer in den Konflikt der Großmächte und regionaler Machtzentren. Die Militarisierung der internationalen Politik nahm in den letzten 20 Jahren rasant zu.

Der Krieg gegen die Ukraine markiert eine Zäsur. Erstmals seit langem führt wieder ein anderer Staat als die USA (gemeinsam mit ihren jeweiligen Verbündeten) ohne Zustimmung der UNO einen umfassenden Krieg gegen einen anderen großen Staat und bricht brutal und anhaltend das Völkerrecht. Es wird Zeit brauchen, darauf Antworten zu finden. Jetzt bedarf es vor allem eines – alles zu tun, damit die Waffen sofort schweigen.

So schwer es jetzt vorstellbar ist: Danach müssen trotz allem Leid und aller Entfremdung wieder Wege gefunden werden, wie Sicherheit und Kooperation, Entspannung und das gemeinsame Engagement für die Lösung der zentralen Fragen in der veränderten Situation möglich werden. Der ständigen Produktion von globalen Feindbildern – sei es nun Russland, China oder der Islam – muss Einhalt geboten werden. Hemmungslose Aufrüstung, totaler Wirtschaftskrieg, Konstruktion totalitärer Feindbilder werden, wenn ihnen nicht entschieden und erfolgreich entgegengetreten wird, jede Hoffnung auf eine friedliche Welt, auf die so brennende Frage der notwendigen ökologischen Transformation und die Bekämpfung globaler Armut unmöglich machen. Ein breiter demokratischer Verständigungsprozess darüber, was unter diesen Bedingungen Sicherheit und Freiheit der Völker und der Einzelnen bedeuten, muss begonnen werden. Deshalb bleibt der Suchprozess in den Beiträgen des vorliegenden Buchs brennend aktuell.

Wie wir uns gefunden haben

Wir kannten uns schon lange, teils aufgrund unserer persönlichen Geschichte, auf jeden Fall als politische Zeitgenossen. Wir hatten unsere Aktivitäten und Schriften gegenseitig wahrgenommen und uns dafür interessiert. Aber gemeinsam getroffen haben wir uns erst im Umkreis der »Aufstehen-Bewegung«, jenem zunächst hoffnungsvoll erscheinenden Versuch, doch noch einmal mit einer außerparlamentarischen Initiative dem so verunsicherten und gespaltenen linken Lager einen neuen Impuls zu geben. Es sollte darum gehen, sich mit den mangelnden Möglichkeiten zur Einmischung nicht abzufinden, die Kluft zwischen Wählern und Repräsentanten zu verringern, also den Parteien Dampf zu machen.

Wir hatten alle genug politische Erfahrung hinter uns, um zu wissen, dass das kein leichtes Unterfangen sein würde. Aber uns schien, die Zeit wäre reif für einen ernsthaften Versuch, endlich die Spaltungen der politischen Linken in Deutschland und die permanente Unversöhnlichkeit der Parteien dieses Spektrums zu überwinden – und zwar durch eine breite, außerparlamentarische Basisbewegung.

Bei den Demonstrationen des Sommers 2018 im Hambacher Forst oder bei »Unteilbar« waren Hunderttausende auf der Straße. Corona hatte noch nicht gelähmt. Die Begeisterung von über 170.000 meist jungen Menschen, die sich spontan bei »Aufstehen« registriert hatten, war groß.

1. Warum es eines neuen Ansatzes bedurfte

»Aufstehen« ist gescheitert. Die Gründe sind vielfältig und teils auch deprimierend. Bevor wir überhaupt mit der inhaltlichen Arbeit hätten beginnen können, verhedderten sich die Initiatoren auf dilettantische Weise in organisatorischen Problemen. Es gab eine zu große Nähe zu den inneren Machtkämpfen in den Parteien. Uns hinderte vor allem ein vollkommenes Desinteresse gerade jener Parteien, die von einer solchen Mobilisierung hätten profitieren können (SPD, Grüne, Linke), an jedem Versuch, sich von außerhalb ihrer eigenen Reihen inspirieren zu lassen.

Als es uns nicht gelang, dem Versuch eine basisdemokratische und realitätstüchtige Form zu geben, haben wir am 14. März 2019 dazu eine Erklärung verfasst, die unter dem Titel »Labor der Linken« in der *Berliner Zeitung* erschien. Darin haben wir das Grundanliegen von »Aufstehen« verteidigt (starke Basisbewegung als Impulsgeber aus dem außerparlamentarischen Raum), aber auch unsere Bilanz gezogen, dass der Versuch im ersten Anlauf gescheitert ist. Gleichzeitig waren die Ziele von Aufstehen zu wichtig, um das Engagement aufzugeben. Die Aufgaben sind unerledigt.

Nach Monaten, als wir schon auf unserem Weg waren, haben junge Leute aus den gut arbeitenden Basisgruppen den Trägerverein »Sammlungsbewegung Aufstehen« wieder belebt. Sie haben sich auf den Gründungsaufruf berufen, die organisatorischen Klippen des ersten Anlaufs vermieden und zum Beispiel mit digitalen Bürgerbefragungen Aktivitäten gemeistert, die wir einst vorhatten. Ihre Website kündigt neue Aktionen an. Die ursprüngliche Motivation so vieler Menschen konnte jedoch nicht mehr aufrechterhalten werden.

2. Fortbestehendes Bedürfnis nach Austausch

Was unseren kleinen Kreis einte, war der Wunsch, das gefundene Miteinander nicht wieder zu verlieren wie auch das starke Bedürfnis, weiter ohne Selbsttäuschung über den notwendigen Demokratisierungsdruck, der von linken Bewegungen ausgehen muss, nachzudenken.

Deshalb haben wir uns weiter getroffen und über Kosovo und Afghanistan, über den Stand der deutschen Einheit oder die Bedeutung der nationalen Frage diskutiert. Sehr bald kamen wir auch zur Aufarbeitung von Schlüsselereignissen in unseren Biografien, zu Opposition und Strategie in Ost und West – was daraus geworden ist, und wie wir heute dazu stehen. Das war mitunter nicht so einfach wie gedacht. Es gab auch Bewegung, mancher ist gegangen, manche später gekommen, wie Gabi Zimmer. Wir

Gebliebenen haben gespürt, dass wir uns brauchen, um unserem Bedürfnis nach ehrlichen Debatten nachzukommen und um unsere mehr oder weniger ausgeprägte Isolation durch eine Gruppe zu überwinden, die sich als »wir« versteht.

Gleichzeitig war uns klar, dass wir nicht im eigenen Saft schmoren können und es wichtig wäre, eine Dialog-Brücke zu jungen Leuten zu schlagen, die heute mehr als alle anderen das Heft des Handelns in die Hand genommen haben. Wir wollten ihre Konzepte besser verstehen und hielten es für keinen Nachteil, wenn sie mehr über unsere Erfahrungen und Analysen erfahren würden. Schließlich war ursprünglich einmal ein »linkes Denklabor« geplant, gar ein Schulungszentrum linker Alternativen, um der Übermacht neoliberaler Thinktanks das Feld nicht gänzlich zu überlassen.

Wir haben also einen offenen »Brief an die Jugend« verfasst, der hier dokumentiert ist. Wir fragten darin, ob die junge Ökologie-Bewegung, Fridays for Future, sich einen New Green Deal vorstellen, ohne die Grundmuster der Wirtschaft ändern zu müssen. Wir fragten, ob ein solcher Ansatz dann nicht mehr Deal als Grün sein könnte. Um diesen Brief mit einem Namen unterschreiben zu können, haben wir uns als Gruppe einen gesucht: *Neubeginn*. Dieser Name steht für das Engagement für eine Zeitenwende, in der Krieg und Klimakrise als größte Bedrohung der Menschheit begriffen werden und daraus die notwendigen Taten folgen müssen.

Der Jugendrat der Generationen-Stiftung hat uns umgehend geantwortet. Die Autoren haben uns als »Verbündete« angesehen, deren Analysen und Schlüssen sie zustimmen. Auch haben sie klar gemacht, dass sie keinen Turbo-Kapitalismus mit blassgrünem Anstrich wollen, sondern einen regime change. Und sie haben bedauert, dass die Chance für einen Zusammenschluss der Erfahrungen der Generationen bisher kaum wahrgenommen wurde. Das war für uns der Anlass, über mehr Öffentlichkeit nachzudenken.

3. Erste Debatten-Pläne

Wir nahmen Kontakt zur *Berliner Zeitung* auf, die einige von uns schon als sehr aufgeschlossen gegenüber neuen Diskursformen erlebt hatten. Die Redaktion stimmte sofort zu, den Briefwechsel zu veröffentlichen. Sie bot uns darüber hinaus an, eigene Essays und Kommentare zu drucken, wie auch Reaktionen darauf. So entstanden erste Pläne für eine Debatte zu unserem Motto *Neubeginn*, die sich zu unserer Freude auch tatsächlich entwickelte – und dies mit Zustimmung und Widerspruch sowohl unter uns wie zum Glück auch unter Mitstreitern, die sich selbst einschalteten oder uns mit zahlreichen Leserbriefen ermutigten, weiterzuarbeiten.

Die Themenpalette war breit: Von den drängenden Fragen einer womöglich bevorstehenden Öko-Katastrophe und den radikalen Veränderungen, die sie aufhalten könnte, über die strukturellen Defizite unseres Wirtschaftssystems und der heutigen Form von Demokratie, die Vorzüge und Nachteile der EU, die NATO als Überbleibsel des Kalten Krieges bis zu den Gefahren eines neuen heißen, gar atomaren Krieges. Aber es ging auch um die organisierte Verantwortungslosigkeit, mit der die deutsche Einheit gegen alle wirtschaftliche Vernunft gemanagt wurde, eine Einheit, deren Kosten mit gut zwei Billionen Euro höher waren als der spätere Bankenrettungsschirm. Kosten, die als Verschuldung heute noch Sozialprogramme erschweren. Der menschliche Preis war noch weit höher, da viel Potenzial und Engagement nicht genutzt, sondern entwertet wurden. Schließlich ging es folgerichtig um Geschichtsbewusstsein, unser Verhältnis zu Russland und China, den Abbau von Feindbildern, um Stalinismus, aber auch Antikommunismus als »Grundtorheit unserer Epoche« und die Gefahr von Rechtsaußen. Ein wichtiges Thema waren zudem die Menschenrechtsverletzungen, besonders gegenüber Geflüchteten.

Allein die Vielfalt der Probleme macht klar, dass sie nicht abschließend behandelt sein können, sondern ihre Erörterung der Fortsetzung bedarf.

4. Was wir vorlegen, ist ein Werkstatt-Bericht

Am Ende unserer ersten Debatten-Bilanz geht es nicht um die ultimative Lösung. Aber Lösungsansätze finden sich in allen Einzelbeiträgen. Sie alle streben eine tatsächlich funktionierende Demokratie an. Was das ist, hat Perikles schon in der Antike definiert: »Demokratie ist eine politische Ordnung, in der die Angelegenheiten im Interesse der Mehrheit entschieden werden.« Voraussetzung dafür ist die Verhinderung wirtschaftlicher Herrschaft. Aber wie wäre das durchsetzbar? Und haben sich die Chancen dafür mit der neuen Ampel-Regierung verbessert?

Was wir vorlegen, ist ein Werkstatt-Bericht. Zuvor haben wir gelegentlich auch hart in der Sache gestritten. Unser Widerspruch blieb konstruktiv, wozu gehört, dass er nicht in jedem Fall aufgelöst werden muss: Kann es einen Kapitalismus mit menschlichem Antlitz geben oder hat seine Funktionslogik von Wachstum und Bereicherung zwingend inhumanen Charakter und muss folglich gänzlich überwunden werden? Führt Bruch oder Prozess eher zu Perspektiven eines demokratischen Sozialismus? Ist der Begriff »dritter Weg« vernutzt, oder falls nicht, was genau würde er bedeuten? Welche Eigentumsformen werden wofür angestrebt? Ist Gemeineigentum und Öffentliches Eigentum dasselbe? Wieviel Umverteilung ist nötig, um die Wende bei Energie, Verkehr und Bauen finanzieren zu können, ohne die Sozialsysteme zu belasten? Unsere Flugschrift erscheint zu einer Zeit, da die Corona-Problematik berechtigterweise die Gemüter bewegt. Auch in unserem Kreis haben wir darüber gesprochen und werden das weiter tun, ohne dass wir bisher zu einer verbindlichen gemeinsamen Position gelangt wären. Unbestritten ist unter uns, dass die Pandemie keine perfide Erfindung oder Fiktion ist, aber ebenso, dass es darauf ankommt, die hinter Corona und der Reaktion der Staaten darauf stehenden existenziellen Probleme nicht aus den Augen zu verlieren. So sollten uns lebensrettende Erfindungen nicht davon abhalten, weiterhin nach dem gesellschaftlichen Einfluss einer in Privateigentum befindlichen Pharmaindustrie und der im Weltmaßstab ungerechten Verteilung des Impfstoffs u. a. durch die nicht erfolgte Freigabe von Lizenzen zu fragen. Ebenso gibt der marktschreierische Umgang der, namentlich privaten, Massenmedien mit der Pandemie zusätzlich Anlass, deren politisch-soziale Rolle kritisch in den Blick zu nehmen.

Mit Vertretern von Fridays for Future sind wir informell im Gespräch und wollen den Dialog zu gegebener Zeit auch öffentlich fortsetzen – wie auch mit den bewährten und neuen Mitstreitern. Die Debattenkultur ist hierzulande gerade in einem beklagenswerten Zustand: aggressiv, intolerant, ausgrenzend und rechthaberisch, mit Nebenaspekten am Kern vorbei. Wir würden uns glücklich schätzen, wenn es gelingt, mit diesem schmalen Band gegenzusteuern.

Peter Brandt/Michael Brie/Daniela Dahn/Dieter Klein/
Ingo Schulze/Ludger Volmer/Antje Vollmer/Gabi Zimmer

Brief an den Jugendrat der Generationen-Stiftung

Berliner Zeitung vom 18. Juni 2020

Liebe junge Aktivistinnen und Aktivisten,
»Ihr habt keinen Plan«, ruft ihr in Richtung der Generation Eurer Eltern und Großeltern, der wir angehören. Ihr selbst habt einen Plan erarbeitet, musstet aber erleben, dass sich zu wenig bewegt hat, obwohl die besseren Argumente auf Eurer Seite sind. Die jetzige Pandemiekrise und ihre kaum abzusehenden Folgen werden es nicht leichter machen, könnten aber auch die Chance für einen Neubeginn sein. Dabei geht es um nicht weniger als das Überleben unserer Zivilisation und ein menschenwürdiges Dasein für alle, heute und in Zukunft.

Wir nun fühlen uns angesprochen. Einige von uns haben versucht, den »real existierenden Sozialismus« der DDR zu reformieren, andere wollten eine völlig neue DDR. Wieder andere haben Protest- und Reformbewegungen im Westen mitgetragen, von der 68er-Bewegung über die Ökologie- und Friedensbewegung der 1970er- und 1980er Jahre bis zum Kampf gegen die drohende Klimakatastrophe. Wir rechnen uns zu den politischen Strömungen, die man gemeinhin »links« nennt.

Uns ist bewusst, dass viele Strömungen der Linken lange, allzu lange, das Ökologie-Problem nicht begriffen und die aufkommende Erderhitzung falsch eingeordnet haben. Es ging um Produktivität und Wachstum. Ähnlich sehen es bis heute noch die konservativen und rechten Strömungen. Wir glauben, in unserer politischen Arbeit das ganzheitliche Denken, das Denken in ökologischen Kreisläufen und historischen Zusammenhängen gelernt und praktiziert zu haben. Quantitatives Wachstum kann kein Ziel mehr sein. Mit dem Aufkommen der Frage nach den natürlichen Lebensgrundlagen ist aber die soziale Frage, die seit Mitte des 19. Jahrhunderts für Linke bestimmend war, nicht erledigt. Beide zu verbinden – das haben wir uns zur Aufgabe gestellt. Und wer in beidem vorankommen will, muss auch die Friedensbewegung stärken. Wir sind im Schatten des letzten Krieges und inmitten des Kalten Krieges aufgewachsen. Ein Krieg ist aber nicht vorbei, wenn er vorbei ist. Er wirkt in Feindbildern, Traumata und Hasspropaganda weiter. Krieg bedeutet die größte Vernichtung von Lebenswelten und die stärkste Bedrohung von Zukunftschancen kommender Generationen.

Enttäuscht stellen wir fest, dass die Chance von 1989/90, die globalen Probleme anzugehen, vertan wurde. Es war nicht gelungen, ein breites gesellschaftliches und politisches Bündnis für einen sozial-ökologischen Systemwechsel zu bilden.

Ihr habt viele Ideen des Umsteuerns zusammengetragen, die in den letzten Jahrzehnten entwickelt wurden. Ihr habt maßgebende Natur- und Geowissenschaftler auf Eurer Seite. Wo das größte Defizit Eurer und unserer Pläne liegt, das ist die Frage, wie man all diese rettenden Ziele durchsetzen kann. Seit dem Ende der Systemkonkurrenz hat kein Mittel genügt, die apokalyptische Kraft des Kapitalismus aufzuhalten. Wir sind der Überzeugung, dass kleinere Reformen nicht mehr ausreichen. Technologische Innovation ist zu begrüßen, bleibt aber letztlich zu wenig. Die Neoliberalen halten an der Lösung der Probleme durch den Markt fest. Die Rechte verbreitet ihre völkische Erzählung von nationalistischen Lösungen durch die Ausgrenzung alles »Fremden«. Wir aber brauchen ein Bewusstsein für das Verbindende.

Wir nehmen folgendes wahr: Klima- und Ökologiepolitik wird inzwischen von vielen – sogar ganz oben in der Europäischen Union – mit dem Begriff *Green New Deal* verbunden. Und das macht uns stutzig. Der Begriff *New Deal* geht auf den US-Präsidenten Franklin D. Roosevelt zurück, der in den 1930er Jahren im Desaster der Weltwirtschaftskrise unter dem Druck der damals in den USA starken Arbeiterbewegung weitreichende soziale Reformen eingeleitet hat. Der Deal hieß: Arbeiterfamilien bekommen bessere Lebensbedingungen, dafür verzichten sie darauf, mit Systemalternativen zu liebäugeln.

Zum heutigen *Green New Deal* aber stellen sich uns Fragen:

1. Kann eine ökologische Politik konsequent durchgesetzt werden, wenn die Grundmuster des Wirtschaftssystems nicht infrage gestellt werden? Wann stoßen Bemühungen um die Transformation gesellschaftlicher Systeme an die Grenzen von Macht, Herrschaft, Eigentum, Verfügungsgewalt?

2. Ein Deal ist ein Geschäft. Zu Roosevelts Zeiten verhandelten Politiker, Unternehmer und Mittelschichten mit der Arbeiterschaft. Und heute? Ist es ein Deal zum Wohl aller? Oder ein Geschäft zulasten Dritter? Mehr Deal als wirklich green?

Ihr habt eindrucksvolle Demonstrationen organisiert, Hunderttausende auf die Straße gebracht, darunter auch uns. Aber Regierungen reagieren nur auf den drohenden Verlust ihrer Macht. Nur dann passen sie sich taktisch und programmatisch ein wenig an. Doch so sind die überlebenswichtigen Veränderungen nicht erreichbar. Wir meinen, wer die ökologisch-solidarische Transformation will, muss zunächst die Kräfte identifizieren und aktivieren, die ein Interesse am grundlegenden Wandel haben und sie dann zu einer neuen politischen Mehrheit bündeln, die stark genug ist, auf demokratischem Wege selbst die Staatsmacht zu erringen.

Durch bewussten Konsum allein lassen sich die strukturellen Verheerungen nicht bewältigen. Und wer hier allzu moralisch auftritt, verfängt sich schnell in Doppelmoral. Um überhaupt handlungsfähig zu sein, nutzen wir die Produkte einer Wirtschaftsweise, die wir als Ursache des Übels ansehen. Wir wissen doch, dass unsere Smartphones, Turnschuhe, T-Shirts und Jeans meist Produkte ökologischer und sozialer Ausbeutung sind, die wir auf der Klima-Demo anprangern. Wir wollen raus aus dieser Un-Logik.

Gerade deshalb reicht vielen aus der Mittelschicht der errungene Wohlstand. Sie wollen nicht mehr, sondern: weniger Stress, mehr Freizeit und freundschaftlichen Zusammenhalt, sinnvollere Arbeit, bessere Luft. Wenn jeder mehrverdiente Euro mit dem Verlust an Lebensqualität erkauft werden muss, wird materielle Wohlstandssteigerung immer fragwürdiger. Doch wer gezwungen ist, jeden Euro umzudrehen, und das gilt für ein Drittel der

Bevölkerung, wird tagtäglich von anderen Sorgen bedrängt. Verteilungsgerechtigkeit, Abbau struktureller Armut, eigenständige ökonomische Existenzfähigkeit von Frauen bleiben deshalb Thema. Zwar sind auch ärmere Schichten sensibilisiert für ökologische Probleme. Solange sie aber nicht wissen, wie sie über die Runden kommen sollen, bleibt ihnen kaum Zeit und Kraft, um auch noch gegen die Klimakatastrophe zu kämpfen.

Wenn dieses »untere Drittel« und die sensibilisierten Mittelschichten, insbesondere die Frauen, ein starkes Interesse an grundlegender Gesellschaftsveränderung verspüren, dann muss es Aufgabe unserer Politik sein, ihre Interessen in einem Umgestaltungsprozess der Gesellschaft zu verbinden: Vermögensabgaben und Erbschaftssteuern der Superreichen, ein Finanzsystem, das dieser Umgestaltung dient, und der Verzicht der Mittelschichten auf weiteren materiellen Zuwachs können die ökologische und soziale Transformation finanzieren helfen, die gleichermaßen die soziale Lebenslage der ärmeren Schichten verbessert und allen ein Mehr an ökologischer Lebensqualität bietet. Nur wenn beide Schichten, »Mitte« und »Unten«, dieses Bündnis eingehen, gibt es die Chance, dem liberalkonservativen Modell der »Zweidrittelgesellschaft« eine solidarische Kraft entgegenzusetzen, die tatsächlich einen sozialen und ökologischen Neubeginn erzwingen kann.

»Zweidrittelgesellschaft«? Das war das gesellschaftspolitische Modell der CDU/CSU bis 1989 im Westen. Deren Annahme: Zwei Drittel der Gesellschaft haben ein gutes Leben und sind zufrieden. Die muss man bei Laune halten, dann sind es genug, um die Mehrheit für eine konservativ geführte Regierung zu erhalten. Das untere Drittel wird nur insoweit einbezogen, dass es sich nicht radikalisiert oder die öffentliche Ordnung stört. Zu viel kosten darf es nicht. Kommt Euch dieses Modell nicht irgendwie bekannt vor?

Mitte/Oben – das bedeutet technische Innovation, aber keinen grundsätzlichen Wandel. Das ist zu wenig. Zudem bleibt dabei die soziale Frage auf der Strecke. Damit wird nicht nur Tür und Tor für ein weiteres Anschwellen rechtspopulistischer und rechtsradikaler Ströme geöffnet; die sich abgehängt fühlen, gehen auch als Bündnispartnerinnen für eine konsequente Ökologisierung aller Lebensbereiche verloren.

Die Idee des neuen New Deal gibt es seit der Wendezeit. Heute ist er in aller Munde, aber er markiert nicht mehr die Notwendigkeit zum Systemwechsel, zu einer anderen Form des Gemeinwesens. Unser Ziel muss die Bildung einer politischen Kraft sein, die dem oberen Drittel der Einkommens- und Vermögenspyramide, besonders den Superreichen, durch die Abschöpfung obszönen Reichtums einen Solidarbeitrag abtrotzen kann. Denn Hunderte von Milliarden Euro, die nicht investiert, sondern im internationalen Kasinokapitalismus verzockt werden, müssen für ökologische Investitionen und soziale Zwecke recycelt werden. Wer seine Gewinne privatisiert und seine Verluste sozialisiert und dabei die Welt ins ökologische und soziale Desaster gelenkt hat, muss zur Verantwortung gezogen werden.

Wenn weniger Wachstumsgewinne zu verteilen sind, stellt sich die klassische linke Frage nach dem gerechten Umgang mit der erwirtschafteten Substanz, nach Umverteilung von Reichtum, und damit von Einflussmöglichkeiten. Das ist mehr als die innerbetriebliche Mitbestimmung, die wir kennen und etwas völlig anderes als der Appell an Verbraucher zu individuell vernünftigem Konsumverhalten. Es geht um das ganze System von Produktion, Handel und Konsum, um eine solidarische Gesellschaft, die auch demokratischer ökologischer Sozialismus genannt werden könnte. Dieser ist nicht tot, es hat ihn nur noch nicht gegeben.

Der dringend notwendige Interessenausgleich zwischen Nord und Süd, West und Ost im Rahmen einer ökologisch-solidarischen Weltwirtschaft verstärkt diesen Aspekt noch. Eine Anpassung aller Lebensverhältnisse an die heutigen Konsumstandards des kapitalistisch-industriellen Westens wird es nicht geben können. Deshalb müssen die Maßstäbe für Wohlstand neu definiert werden. Nicht mehr das Bruttoinlandsprodukt oder die Exportquote dürfen Maßstab sein, sondern eher das, was die UNO als »Glückskoeffizient« definiert hat. Es muss die Aufgabe von Politik sein, die Lebensbedingungen aller Völker und Individuen unter Berücksichtigung der ökologischen Belastbarkeit unseres Planeten, des Klima-, Ressourcen- und Artenschutzes, auf möglichst hohem Niveau anzugleichen. Dass unser Entwicklungsbegriff nur in einer friedlichen Welt verwirklicht werden kann, versteht sich von selbst.

Was meint Ihr zu unseren Analysen, Befürchtungen und Hoffnungen? Ihr kämpft für ein Überleben unserer Zivilisation in Würde, für den Erhalt der natürlichen Lebensgrundlagen und die gleichberechtigte Teilhabe aller Menschen. Um dem sanften Zwang des besseren Arguments tatsächlich eine Chance zu geben, braucht es, so finden wir, ein großes neues Bündnis, ein Bündnis, in dem das Gemeinsame in vielen gegenwärtigen Aufbrüchen hin zu einer solidarischen und nachhaltigen Gesellschaft endlich zusammengeführt wird.

Franziska Heinisch/Sarah Hadj Ammar/Jonathan Gut/
Jakob Nehls/Hannah Lübbert/Lucie Hammecke/
Niklas Hecht/Daniel Al-Kayal
(Jugendrat der Generationen-Stiftung)

»Wir sind wütend, aber auch hoffnungsvoll«

Berliner Zeitung vom 19. Juni 2020

Liebe Verbündete der Gruppe Neubeginn,
der folgende Text ist unsere Antwort auf euren Brief an uns und
eure bestärkende Reaktion auf unser Buch »Ihr habt keinen Plan,
darum machen wir einen«.

Wir, das sind acht junge Autor*innen aus dem Jugendrat der
Generationen Stiftung, die sich mit aller Kraft für einen Systemwandel hin zu einer generationengerechten Welt einsetzen. Junge Menschen, die in der gegenwärtigen Situation ihre Zukunft
gefährdet sehen. Aktivist*innen, die die immer gleichen Mär-
chenerzählungen von Wachstum als Allheilmittel, die Ausbeutung der Vielen und unsere imperiale Lebensweise so nicht mehr
hinnehmen wollen. Politische Menschen, die sich nicht weiter an
einem System mitschuldig machen wollen, in dem wir heute auf
Kosten von morgen und hier auf Kosten von anderswo handeln.

Unser Buch »Ihr habt keinen Plan« beginnt mit einem Brief an
die Generation »Not gonna happen«. Darin klagen wir alle an,
die unseren Forderungen nach Veränderung nur milde lächelnd
entgegenhalten: »Das ist ja schön und gut – aber so funktioniert
die Welt nicht.« »It's not gonna happen.« Wir richten uns an diejenigen, die zwar sehen, mit welchen multiplen Krisen unsere Generation konfrontiert ist und die nach eigener Aussage »früher
auch einmal so radikal und aktiv waren« wie wir, aber mit der
Zeit still geworden und jetzt »froh sind, dass die Jugend wieder
aktiv wird«. Denn sie lehnen sich zurück, wo von ihnen Solidarität und Unterstützung gefordert wäre. Wir sprechen die an, die
es sich in ihrer Behauptung bequem machen, dass ohnehin alles
immer so weitergehen werde wie bisher. Denn sie machen sich
mitschuldig am Ausverkauf unserer Zukunft. Und ihr merkt rich-

tig an: Diese Haltung attestieren wir vor allem Menschen in den Generationen unserer Eltern und Großeltern.

Wir belassen es nicht bei dieser Anklage, sondern fordern die Vertreter*innen der Generation »Not gonna happen« dazu auf, mit uns gemeinsame Sache zu machen. Schließlich wollen wir keinen weiteren Keil zwischen die Generationen treiben. Wir glauben stattdessen an den Zusammenschluss von Jung und Alt. Nur so halten wir Systemveränderung für möglich.

Dass wir das ausführen, hat folgenden Grund: Ihr schreibt in eurem Brief, dass ihr euch von diesem Aufschrei angesprochen fühlt. Wir möchten euch hiermit von unseren Vorwürfen entlasten: Wenn wir an euch denken, denken wir vor allem an Verbündete. Denn weder seid ihr still geworden noch versucht ihr, uns mit eurer Reaktion zu belehren. Im Gegenteil: Ihr nehmt unsere Forderungen ernst, gesteht Versäumnisse der politischen Linken in den letzten Jahrzehnten ein, ergänzt unsere zusammengetragenen Gedanken durch wichtige Fragen. Das alles ist das Gegenteil der Symptomatik, die wir beschreiben. Ihr seid Rückendeckung, Unterstützung und kritische Stimme. Dafür möchten wir uns bei euch bedanken. Wenn ihr fragt, was wir zu eurer Analyse, den Befürchtungen und Hoffnungen meinen, fällt uns die Antwort darauf leicht: Wir stimmen euch zu – sowohl in der Problembeschreibung als auch den Schlussfolgerungen.

In vielen politischen Kämpfen, die ihr geführt habt und in denen ihr möglicherweise sogar große Erfolge verzeichnen konntet, stehen wir heute nach unserem Gefühl wieder am Anfang. Dabei sehen wir uns mit einer politischen Linken konfrontiert, die zu großen Teilen das Ökologieproblem immer noch gegen Soziales abwägt, statt gangbare und verbindende Wege in die Zukunft zu präsentieren. Dort wird häufig mit Schlagworten agiert, aber es fehlen aus unserer Sicht konkrete Bilder und Visionen. Auf den Demonstrationen der Klimabewegung fordern viele junge Menschen jetzt lautstark einen system change. Das wäre eigentlich die Chance für die Aktiven in den älteren Generationen, die ebenfalls für einen sozial-ökologischen Wandel einstehen, sich mit ihnen und uns zusammenzuschließen und gemeinsam daran zu arbeiten, wie diese Forderung konkretisiert werden kann. Bislang wird diese Chance aber leider kaum wahrgenommen. Schlagwörter wie sozial-ökologische Transformation oder Green (New) Deal geistern durch die Debatte über Wege aus dem ständigen Krisenzustand. Wir glauben, dass sie mit den richtigen Fragen und Inhalten gefüllt werden müssen und sehen es als unsere gemeinsame Verantwortung, die Denker*innen, die das schon getan haben, weiter sichtbar zu machen. Wir müssen jetzt dafür sorgen, dass aktuelle Maßnahmen nicht nur einen Turbokapitalismus blassgrün anstreichen, sondern die entscheidenden Stellschrauben im System adressieren.

Bei unserer Arbeit begleitet uns – genauso wie euch – die Frage, wie all die notwendigen Veränderungen umgesetzt werden können. Wir sehen, dass viele Bewegungen es zwar geschafft haben, ein Momentum zu erzeugen, aber (bislang) kaum langfristige, systemische und tiefgreifende Veränderungen erzielen konnten. An manchen Tagen erdrückt uns die Frage, ob unsere Generation die gleichen Kämpfe ein weiteres Mal vergebens austragen wird. Dann hoffen wir, auf eure Erfahrungen und Schlussfolgerungen zurückgreifen zu können. Und es macht uns Mut und gibt uns Kraft, wenn wir euch hinter und neben uns wissen.

Wir sind der Überzeugung, dass sich die Klima- und Ökologiekrise nur systemisch lösen lässt. Die Klimakrise ist auch eine Wirtschafts-, eine Gerechtigkeits- und Demokratiekrise. Sie ist das Produkt von Ressourcen-Raubbau, Wachstumshunger und Externalisierung der Kosten unserer Lebensweise. Die Grundmuster und Maßstäbe unseres Wirtschaftssystems müssen infrage gestellt und auf politischer Ebene verändert werden. Wir sind der festen Überzeugung, dass das kein beängstigender Ausblick ist, sondern unsere Lebensrealität solidarischer, stressfreier und besser machen kann. Aber, und das halten wir für mindestens genauso wichtig: Wir müssen auch weiter konkrete Pläne vorlegen, wie das gelingen kann.

In unserem Buch haben wir deshalb nicht nur Maßnahmen zur Bekämpfung der Klimakrise zusammengetragen. Wir haben uns auch den nötigen wirtschaftlichen Veränderungen gewidmet, die soziale Frage thematisiert und sind auch das Thema Friedenspolitik angegangen. Dabei haben wir weniger neue Vorschläge gemacht, sondern haben uns vor allem darum bemüht, Forderungen und Pläne, die bereits existieren, zusammenzutragen und zu einer konkreten politischen Agenda der nächsten Jahre aufzubereiten.

Um den notwendigen Druck für eine tatsächliche sozial-ökologische Transformation aufzubauen, muss ein breites Bündnis für eine gemeinsame Agenda mobilisiert werden. Dafür können wir nicht allein als junge Generation einstehen. Dazu braucht es einen gesellschaftlichen Zusammenschluss zwischen den Aktiven aller Generationen. Und mit unserer Antwort auf euren Brief möchten wir dieses Bündnis beschließen.

Denn vor allem konservative Politiker*innen haben es fertiggebracht, den Protest von 1,4 Millionen Menschen, die zur gleichen Zeit in Deutschland für Klimaschutz auf die Straße gingen, schlicht auszusitzen. Die Proteste angesichts der drohenden Klimakatastrophe wurden zu einem spannenden Generationen-Konflikt hochstilisiert. Das wird schwieriger werden, sobald eine kritische Masse aus allen Generationen für eine gemeinsame Agenda einsteht. Statt die Geschichte des unüberwindbaren Generationenkonflikts zu erzählen, dürfen wir als Jung und Alt (oder Älter) uns nicht spalten lassen, sondern müssen gemeinsam den Blick auf die eigentlichen Kernfragen von Wachstum, Wohlstand und Macht lenken.

Gemeinsam können wir nicht nur erste Schritte eines Wandels skizzieren, sondern auch konkrete Bilder von einer Welt in 20, 50 und 100 Jahren zeichnen. Dazu möchten wir mit euch gemeinsame Sache machen. Wir brauchen euer Wissen, eure Fähigkeiten, eure Erfahrung. Umgekehrt bringen wir eine neue Form der Erzählung von der Zukunft und eine andere Perspektive auf den notwendigen Systemwandel mit. Wir stellen noch einmal neu infrage und bringen neue Impulse ein. Nur gemeinsam sind wir in der Lage, eine ausreichend große kritische, gesellschaftliche Masse zu mobilisieren. Wir müssen es schaffen, dass die stille Mehrheit endlich laut wird. Für eine lebenswerte, solidarische, zukunftsfähige Welt.

Die Corona-Pandemie ist auf diesem Weg eine Zäsur. Sie hat einem dysfunktionalen System in vielerlei Hinsicht die Maske heruntergerissen und die Krisen dahinter noch sichtbarer gemacht. Gleichzeitig drohen die bisherigen Maßnahmen der Bundesregierung mit ihrem erklärten Ziel, möglichst schnell zurück zu einem »Normal« zu kommen, die ökologischen, sozialen und humanitären Krisen zu verschärfen. Denn das Normal, in dem wir vor Corona gelebt haben, war und ist immer noch zerstörerisch. Jetzt entscheidet sich, wie die Welt nach Corona aussehen wird. Es wird entschieden: Betonieren wir den Status quo ein? Vertagen wir unser Handeln zur Klimakrise genauso wie zur grausamen Situation an Europas Außengrenzen und der fortschreitenden sozialen Spaltung? Schieben wir die Fragen nach einer Grundversorgung für alle und nach Veränderungen unserer Wirtschaftsweise auf? Oder nutzen wir diese Krise tatsächlich als Chance, eine bessere Welt nach Corona zu schaffen?

Wenn wir bei dieser Entscheidung mitreden wollen, müssen wir jetzt da sein. Dann müssen wir uns jetzt zusammenschließen und Viele werden. Es liegt an uns, jetzt die ersten Schritte für solidarische und ökologisch verträgliche Wege aus der Krise benennen.

Wir als Jugendrat der Generationen Stiftung fordern von der Bundesregierung den »Generationen-Rettungsschirm« – einen Rettungsschirm für die Menschen und für die Zukunft. Damit fordern wir, in dieser Krise die Klimaziele umzusetzen, Wirtschaftshilfen nur unter strengen sozialen und ökologischen Bedingungen zu verabschieden, das Leid an den europäischen Außengrenzen sofort durch Evakuierung der Geflüchtetenlager zu beenden und die soziale Spaltung zu stoppen. Denn wenn wir jetzt nicht schnell einen Kurswechsel einleiten, fürchten wir, nach dieser Krise vor einem gesellschaftlichen Trümmerhaufen zu stehen. Ein Trümmerhaufen, unter dem unsere Zukunft verschüttgeht.

Das können wir nicht hinnehmen. Wir sind wütend, aber auch hoffnungsvoll, dass Veränderung gerade jetzt möglich ist. Die Zeit drängt. Deshalb: Lasst uns sofort beginnen und nicht nur auf diesem Wege ein Bündnis zwischen den Generationen schließen, sondern es direkt in die Tat umsetzen.

Wir freuen uns darauf.

Daniela Dahn

30 Jahre Währungsunion:
»Es war organisierte Verantwortungslosigkeit«

Berliner Zeitung vom 28. Juni 2020

Betrachtungen zur deutschen Einheit räumen zunehmend ein, dass auf ihrem Weg Fehler gemacht wurden, auch gravierende. Doch dieses Eingeständnis wird meist reflexartig mit der Behauptung relativiert, angesichts von Maueröffnung, massenhafter Abwanderung, wirtschaftlichem Niedergang und dem Wunsch nach der D-Mark habe es keine Alternative gegeben. Dem ist entgegenzuhalten: Wer Alternativen nie auch nur versucht hat, kann nachträglich schlecht glaubhaft machen, es hätte keine gegeben.

Dies gilt gerade auch für die Einführung der D-Mark als Zahlungsmittel in der DDR. Was war geschehen?

Nach einem Treffen am 6. Februar 1990 mit DDR-Staatsbankpräsident Horst Kaminsky und dessen Wirtschaftsministerin Christa Luft gab Bundesbankpräsident Karl Otto Pöhl eine Presseerklärung ab: Pläne zu einer Währungsunion seien verfrüht. Bundeswirtschaftsminister Helmut Haussmann ergänzte: Die DDR werde ihre Währung schrittweise konvertibel machen und dabei vom Westen kräftig unterstützt werden. Auch ein Gutachten des Sachverständigenrates bekräftigte dieses Herangehen.

Doch nur einen Tag später bot Kanzler Kohl, nach einsamer Absprache mit seinem Finanzminister Theo Waigel, aus dem hohlen Bauch öffentlich die Währungsunion an. Die Bundesbank ist nicht konsultiert worden, wie Pöhl mehrfach beklagte. Die D-Mark war das hammerharte Wahlversprechen. Denn die Umfragen der Ost-CDU für die Volkskammerwahlen am 18. März (11 Prozent) erfreuten ebenso wenig, wie die persönlichen des Kanzlers im Westen. Kohls trefflicher Machtinstinkt wurde mit dem haushohen Sieg von 48 Prozent für die von ihm geschmiedete Allianz für Deutschland belohnt.

Das nunmehr bevorstehende Westgeld weckte einerseits große Begehrlichkeit, aber auch Verunsicherung, zu welchem Kurs das gut gehen werde. Der Vertragsentwurf blieb unter Verschluss, aber Mitte April sickerten Auszüge durch Indiskretion durch. Nun wurde klar, welcher Preis gefordert wird, damit mit dem schönen Geld kein Schindluder getrieben werden kann: Die DDR hatte der Beschränkung eigener Hoheit einzuwilligen. Die wichtigsten DDR-Verfassungsgrundsätze waren aufzuheben, insbesondere die sozialistische Rechtsordnung, um den Erwerb von Privateigentum an Grund und Boden und Produktionsmitteln zu gewährleisten. Erstmalig wurde das Recht zu fristloser Kündigung eingeführt. Wer seine Währungshoheit aufgibt, ist kein ernst zu nehmender Vertragspartner mehr.

Vorfreude mischte sich mit Ernüchterung und Existenzangst: In Betrieben kam es zu Warnstreiks. Die PDS klebte Tausende Plakate: Kommt die D-Mark zu früh, kommt die Vernunft zu spät. Doch die Kameras hielten nur auf die gegenteiligen Slogans. Die Kommunalwahlen in der DDR am 6. Mai, nur sieben Wochen nach den Volkskammerwahlen, zeigten mit einer Million Wechselwählern den Schwund an Zutrauen. Die CDU verlor 800.000 Stimmen, kleine Parteien wie Grüne, Bürgerrechtler und andere, die gegen Deutschland, eilig Vaterland waren, steigerten sich zusammen von 20 auf 30 Prozent. Doch diese Tendenz wurde mit der D-Mark aufgekauft und auch mit dem gleichzeitig verabschiedeten Treuhandgesetz zum Stoppen gebracht, das das Volkseigentum zur Privatisierung frei gab.

Der wichtigste Akt der ersten und letzten frei gewählten und von Westberatern umworbenen Volkskammer, war die Enteignung des Volkes. Der SPD-Politiker Rudolf Dreßler sprach von einer »schlimmen Unterlassung«: »Denn nach der staatlichen Einheit bestand die klare, historisch einmalige Chance, formales Volksvermögen in breit gestreutes Eigentum an Produktivkapital umzuwandeln, die Ostdeutschen zu Miteigentümern sanierter Unternehmen zu machen.« Volker Braun brachte das »undurchsichtige Geschäft« auf den Punkt: Das Volk gab sein Eigentum ab und ließ sich die Freiheit aushändigen.

Die DDR-Bürger tauschten ihre Alu-Chips gegen harte D-Mark ein und fanden am Morgen des 1. Juli die westliche Warenpracht in ihren Kaufhallen vor. Ich habe es in unserem Dorfkonsum erlebt. Es stimmt nicht, dass dort keine östlichen Waren mehr gekauft wurden, sondern diese waren komplett verschwunden. Keine gewohnte Zahnpasta, auch keine Tomaten mehr von der bäuerlichen Aufkaufstelle, die neuen etwas blass, aber immerhin aus Holland. Auch der Zeitungsständer war nicht wiederzuerkennen – neben *Bild* und *Welt* Goldmann-Taschenbücher. Und erst die Autohäuser in der Stadt! Das Konsumversprechen hat sich zur allgemeinen Begeisterung erfüllt. Darüber hinaus sind die wichtigsten Punkte des Vertrages niemals eingehalten worden.

Kapitel II, Art. 10 (2)
Die Vertragsparteien wählen Umstellungsmodalitäten, die [...] die Wettbewerbsfähigkeit der Unternehmen in der DDR stärken.
Ergebnis: 70 Prozent der DDR-Industrie sind nach den gewählten Umstellungsmodalitäten zusammengebrochen.

Art. 10 (6)
Nach einer Bestandsaufnahme des volkseigenen Vermögens [...] wird die DDR nach Möglichkeit vorsehen, dass den Sparern für den bei der Umstellung 2:1 reduzierten Betrag ein verbrieftes Anteilsrecht am volkseignen Vermögen eingeräumt werden kann.
Ergebnis: Ein verbrieftes Anteilsrecht an Schulden, Schulden und nochmals Schulden – der Schlussbilanz der Treuhand.

Kapitel III, Art. 11
Die Maßnahmen werden so getroffen, dass sie [...] zu einem hohen Beschäftigungsstand und zu außenwirtschaftlichem Gleichgewicht bei stetigem und angemessenem Wirtschaftswachstum beitragen.
Ergebnis: Im Osten werden fast vier Millionen Arbeitsplätze abgebaut, im Westen zwei Millionen geschaffen. Das außenwirtschaftliche Gleichgewicht bricht in der DDR bei stetigem und angemessenem Wirtschaftsschwund zusammen.

Art. 13

Die bestehenden vertraglichen Verpflichtungen gegenüber den Ländern des Rates für Gegenseitige Wirtschaftshilfe genießen Vertrauensschutz. Sie werden [...] unter Beachtung marktwirtschaftlicher Grundsätze ausgebaut.

Ergebnis: Die Handelsumsätze mit den RGW-Ländern sinken – ganz im Schutz des Vertrauens – auf ein Zehntel ihres Umfangs.

»Steht dieser Unsinn da wirklich drin?«, wunderte sich zwei Jahre später der einst ungefragte Bundesbankpräsident Karl Otto Pöhl, nachdem ich ihm diese Passagen vorgelesen hatte. »Ich habe das damals gar nicht mehr gelesen, ich war so verärgert, wusste schon, dass ich zurücktreten werde.« Es sei eine Entscheidung Politik gegen Wirtschaft gewesen. Wenn man in der Bundesrepublik über Nacht den viel stärkeren Dollar eingeführt hätte, so erklärte er mir, wäre die Wirtschaft auch auf einen Schlag ruiniert gewesen. Der Wirtschaftskolumnist des Guardian hat die Wirkung der Währungsunion als »ökonomische Atombombe« beschrieben.

Was folgte, waren verblühende Landschaften. Nachdem 95 Prozent des Volkseigentums in westliche Hände übergegangen waren, begann eine Durststrecke von 18 Jahren, bis auch nur die Wirtschaftsleistung der DDR wieder erreicht war. Nach repräsentativen Erhebungen der Soziologin Yana Milev demonstrierten zwischen 1990 und 1994 drei Millionen Menschen gegen Entlassungen und Ungleichbehandlung – doppelt so viele wie bei der »friedlichen Revolution« – doch sie wurden ignoriert. Parallel zur Deindustrialisierung sank auch die Geburtenrate um 70 Prozent, ein verlässliches Stimmungsbarometer.

Die Übersiedlerzahlen in den Westen stiegen weiter an. Im Osten war man oft in sinnlose Arbeitsbeschaffungsmaßnahmen beordert und musste Sozialhilfe beantragen. Dass es das soziale Netz überhaupt gibt, ist hoch anzuerkennen, hat aber auch mit dem Aufschwung West zu tun, den die Einheit bescherte. 1990 war das beste Geschäftsjahr der Deutschen Bank in ihrer hundertjährigen Geschichte. Und nicht nur dieses Unternehmens. So wurde es bezahlbar, die Ostdeutschen zu dauerhaften Almosenempfängern zu degradieren. »Pampern« sagt man marktgerecht und macht keinen Hehl aus dem demütigenden Unterton.

Gegen all das ist der wirtschaftliche Corona-Lockdown ein Kinderspiel. Auch heute noch können die nicht mehr so neuen Bundesländer ihren eigenen Verbrauch längst nicht vollständig selbst produzieren. Dennoch hat man sich hierzulande mit der Einführung der D-Mark und schließlich mit dem Euro versöhnt. Laut Jahresbericht der Bundesregierung von 2019 geben zwei Drittel der Ostdeutschen an, dass sich ihre persönliche Lage seit 1990 deutlich verbessert hat. Sie konnten endlich reisen, wohin sie wollten, und ihre Wohnverhältnisse aufwerten, kleinere Unternehmen gründen und beinahe genauso klimaschädlich konsumieren wie ihre früher mal Brüder und Schwestern genannten Landsleute.

Wenn es einer solchen Mehrheit gut geht, ist nach dem Selbstverständnis der Begünstigten alles in Ordnung. Oder nicht mehr? Schon 1994 hatte die damalige Sozialministerin Regine Hildebrandt beklagt, dass sich der sozial egalitäre Osten mit einer Zwei-Drittel-Gesellschaft dem Westen angeglichen habe. Und dabei ist es geblieben.

Laut »Glücksatlas« macht sich die knappe Hälfte der Ostdeutschen Sorgen um den Zusammenhalt der Gesellschaft. Das reiche Deutschland ist heute ein Land, das neue Armut duldet, das eine Unterschicht durch Hartz IV treibt, das Randgruppen ausgrenzt, Asylanten kurz hält, in dem Gesundheit kostet und Bildungschancen erblich sind. All das sind auch Spätfolgen dieser wahnwitzigen Währungsunion, die schließlich dazu geführt hat, dass die Nettokosten der deutschen Einheit gut zwei Billionen Euro betragen haben. Die gab es nicht aus der Portokasse, sondern die sind weitgehend über Kredite finanziert worden, die längst nicht abgezahlt sind. Nach Angaben des Bundesrechnungshofes ist die Bundesschuld heute viermal so hoch wie vor 30 Jahren. Hauptposten sind die deutsche Einheit und erst danach die Banken-Rettungsschirme nach 2008. Diese Last wird nicht nur den nächsten Generationen vererbt, sondern hat Ost und West jahrelang die schwarze Null beschert, unter deren Entfettungsschirm die öffentliche Fürsorge für Klimaschutz, Gesundheit, Bildung, Verkehr oder Digitalisierung abgemagert ist.

Wo Marktoptimierung vereinzelt und Solidarität ihren Preis hat, wo Jugendliche mit dem Abriss von Lebensräumen in emotionale Obdachlosigkeit geraten, gedeihen Gewalt, Fremdenfeindlichkeit und rechte Gedankenwut. Alles alternativlos?

Wäre eine schrittweise Einführung der D-Mark, nicht ganz so zögerlich wie einst im Saarland, wirklich nicht möglich gewesen? Die Westdeutschen wurden gar nicht gefragt, aber ihren Experten waren die zu erwartenden Folgen der überstürzten Einführung der D-Mark klar. Von Unternehmensberater Roland Berger lag ein Gutachten vor, das die vier Millionen Arbeitslosen und das ganze hier beschriebene Desaster vorhersagte. Aber die Expertise landete im Panzerschrank.

Warum wurde sie geheim gehalten? Einzige Erklärung ist die Befürchtung, dass wissende Menschen anders entscheiden könnten. Wäre sie rechtzeitig veröffentlicht worden, so ist bis heute nicht klar, ob die Parteien, die zugunsten ihres Machterhalts diese zerstörerische Walze als verlockendes Angebot priesen, wirklich gewählt worden wären. Wenn dennoch, müssten heute alle Kritiker angesichts der dann damals transparenten Demokratie verstummen. So aber war dieser in seinen ökonomischen Versprechungen nie eingehaltene Vertrag die Fortsetzung der »organisierten Verantwortungslosigkeit«, die Rudolf Bahro einst der DDR-Wirtschaft attestierte.

Dieter Klein

Wie, bitte sehr, kann ein Systemwechsel in Gang kommen?

Berliner Zeitung vom 20. Dezember 2020

Ob Jüngere oder Ältere – wir alle spüren die quälende Differenz zwischen den existenziellen Gefahren (die mit Klimawandel, atomarer Hochrüstung und elektronisch gestützter Kriegsführung, sozialer Spaltung, Armut und Autoritarismus heraufziehen) und der Schwäche der demokratischen Kräfte, die bisher außerstande sind, einen Richtungswechsel der Politik herbeizuführen.

Wir Älteren waren am Entstehen einer Vielzahl von Konzepten, Programmen und Manifesten beteiligt, die auf eine bessere Welt zielten. Wir hatten Teil an Fortschritten und haben bittere Niederlagen erlebt. Die Fortschritte sind bisher eingefangen in Zivilisationskrisen voller Gefahren für die Menschheit und die Natur. Die Chancen nach Ende des Kalten Krieges vor 30 Jahren für die dauerhafte Lösung der sozialen, ökologischen und Friedensfragen wurden weitgehend vertan. Deshalb werden die erreichten Fortschritte gegenwärtig durch Rückschritte völlig infrage gestellt. Die Klimabewegung, und nicht nur sie, proklamiert offen den Systemwechsel. Offen ist nicht so sehr, welchen Maßstäben eine solidarische Welt genügen und welche Grundzüge sie haben müsste. Offen ist, wie ein Aufbruch in eine zukunftsfähige Gesellschaft beginnen und gelingen könnte. Es geht um Einstiege in den Umstieg.

Eine solidarische Gesellschaft kann im bestimmten Maße von unten wachsen, überall dort, wo sich Bürgerinnen und Bürger in selbstbestimmten Projekten und Initiativen für Verbesserungen in ihrem Leben und in der Gesellschaft engagieren. Selbstermächtigung ist ein Ausgangspunkt progressiver gesellschaftlicher Transformation. Die »Fridays for Future«-Bewegten praktizieren genau das. Links zu sein, könnte bedeuten, zivilgesellschaftliche Kräfte organisierend, mobilisierend und beratend zu unterstützen – ob Dorfgemeinschaften gegen das Abbaggern ihrer Dörfer zwecks Kohleabbau, ob Energiegenossenschaften, die auf 100 Prozent Erneuerbare setzen, ob Fair-Trade-Initiativen oder Nachbarschaftshilfen, ob Engagement der Bürger für öffentlichen Nahverkehr oder mehr bezahlbare Kitaplätze oder schnelle Ausstattung von Schulen mit Luftfiltern in Corona-Zeiten.

In Spanien wurde seit Mitte der 2000er Jahre die Bewegung gegen Zwangsräumung von Wohnungen, die »V de Vivienda«, zu einem Kristallisationspunkt der Bewegung 15M, die am 15. Mai 2011 mit der Besetzung der Puerta del Sol spektakulär in die Öffentlichkeit trat und später erheblich zur Wahl einer linksdemokratischen Stadtregierung in Barcelona beitrug.

Die italienische Wirtschaftswissenschaftlerin Francesca Bria, die in Barcelona als Chief Digital Technology and Innovation Officer für Digitalisierungsprozesse in der Hauptstadt Kataloniens zuständig war, sagte 2018 in einem Podiumsgespräch mit Richard Sennett und Andrej Holm im *Haus der Kulturen der Welt*: »So verrückt das auch klingen mag, aber die Regierungsagenda der Stadt steht den Einwohnern komplett offen, um sich an Entscheidungen zu beteiligen, die sonst nur von Beamten getroffen werden. Haushaltsplanung, die Verteilung öffentlicher Gelder und Ressourcen, die Entscheidung über Vorhaben. [...] Barcelona hat 80 Prozent seines IT-Forschungsbudgets in frei verfügbare Software, offene Standards und Interoperabilität investiert, weil wir möchten, dass auch die immateriellen Ressourcen öffentliches Eigentum sind: digitales Gemeingut in den Händen der Bewohner Barcelonas, nicht nur in denen der Unternehmen.« Ein einzelnes Projekt, der Widerstand gegen Wohnungsräumungen, wurde zum Ausgangspunkt weit umfassenderer progressiver Veränderungen.

So wichtig sie für einen Aufbruch sind – die bloße Summe der vielen Projekte und Initiativen von unten ergibt noch keine gesamtgesellschaftliche Richtungsänderung der Politik. Zu einer zentralen Aufgabe wird, das Verbindende zwischen den einzelnen Elementen des Wandels in das öffentliche Bewusstsein zu heben und Solidarität zwischen ihren tragenden Kräften herzustellen. Junge Leute von »Fridays for Future« haben Lohnforderungen der Gewerkschaft Ver.di im öffentlichen Nahverkehr unterstützt. Die Klimabewegung der Jugend hat sich die Unterstützung der »Scientists for Future« gesichert. Solche Brücken zueinander sind jedoch noch eher die Ausnahme.

Zu einem Kristallisationsfeld gesellschaftlicher Bündnisse könnte das gemeinsame Interesse an einem entschiedenen Ausbau materieller Infrastrukturen (für Verkehr, Kommunikation, Strom-, Wärme- und Wasserversorgung, Wohnraum, Abfallentsorgung) und sozialer Infrastrukturen (für Gesundheit, Pflege, Bildung, Kultur) werden. Die Corona-Krise hat die existenzielle Bedeutung humanorientierter Dienstleistungen sichtbar gemacht. Sie hat verdeutlicht, dass unter anderem Gesundheit, Bildung und Information kein Objekt von Profitinteressen bleiben dürfen. Sie sind öffentliche Güter und gehören überwiegend in Gemeineigentum.

Die erste Ebene der Herausbildung von Bündnissen ist das gemeinsame Engagement in konkreten Projekten der Veränderung. Als eine zweite Ebene kann das Entstehen einer verbindenden Erzählung von den möglichen Konturen einer künftigen solidarischen Gesellschaft und von den Wegen und Schritten zu ihr hin betrachtet werden. Der neoliberale Kapitalismus wird seit Jahrzehnten von der suggestiven Erzählung genährt, es sei der Markt, der Wohlstand und Freiheit garantiere. Die Konsequenzen sind sozialstaatliche Deregulierung, Privatisierung, Liberalisierung und Finanzialisierung. Und staatliche Eingriffe nur dann, wenn die Akteure auf den Märkten ins Straucheln geraten. Mit der Pandemie waren die kommunalen Krankenhäuser plötzlich wieder systemrelevant. Die Neue Rechte begründet mit ihrer völkischen Erzählung die Ausgrenzung der »Anderen«, Rassismus und Nationalismus bis zu militanter Gewalt.

Der Aufbruch zu einer nachhaltigen solidarischen Gesellschaft, die manche auch als einen demokratischen grünen Sozialismus erwarten, bedarf einer Gegenerzählung, die die Hoffnungen, Wünsche, Träume, Visionen, Forderungen und Erzählungen der vielen in sich aufnimmt und wenige zentrale Leitideen betont; einer Erzählung, die einen Grundkonsens der diversen alternativen Kräfte beschreibt, ohne die Verschiedenheit ihrer Erwartungen auszulöschen.

Jede große Erzählung hat ihre Mitte. In der Bibel war es Gott. Im »Kommunistischen Manifest« von Marx und Engels waren es die Eigentumsfrage und das Proletariat. Was könnte die Mitte einer emanzipatorischen modernen Erzählung für das 21. Jahrhundert sein? Gibt es ein Zauberwort dafür, das schon längst seiner Formulierung harrt? Nicht alle Menschen werden durch einen einzigen Gedanken erweckt werden. Wie aber, wenn in einem großen Diskussionsprozess einerseits danach gefragt würde, was Menschen für ein selbstbestimmtes Leben in sozialer Sicherheit brauchen? Wie, wenn sie andererseits gefragt würden, welchen Rang für das Leben ihrer Kinder sie der Rettung der Natur und des Friedens zumessen wollen? Und dies immer lokal wie global.

Dann könnte sich ergeben, dass die große Erzählung des 21. Jahrhunderts zwei Zentren haben sollte, um die alle Politik wie auf der Bahn einer Ellipse kreist und sich ständig an zwei Punkten orientiert: erstens an der sozial gleichen Teilhabe aller an den Grundbedingungen freier Persönlichkeitsentfaltung und zweitens an der Bewahrung von Frieden und Naturverhältnissen, die ein gesundes Leben aller und auch der zukünftigen Generationen auf dem Planeten erlauben. Bedingungen für ein selbstbestimmtes gutes Leben und eine gesunde Natur – ist das nicht der Sinn einer solidarischen Gesellschaft, auf den die vielen sich verständigen könnten? Konzepte dafür gibt es.

Wie aber kann eine solche Erzählung und ihr entsprechendes Handeln entstehen? Jedenfalls nicht verordnet durch Parteien und Institutionen, nicht als Schreibtischentwurf von Experten. Sondern in breitesten öffentlichen Diskussionen über einen neuen Gesellschaftsvertrag. Die Erzählung von einer Großen Transformation wird nicht irgendwann gültig ausformuliert in Buchgestalt bei uns landen. Allerdings, Intellektuelle sollten schon als ihre Aufgabe ansehen, das gemeinsame Humanistisch-Progressive in diesen Diskursen herauszuarbeiten und immer wieder in knappe einprägsame Formen zu bringen.

Der öffentliche Diskurs wird nur dann breite Beteiligung finden und Anziehungskraft entwickeln, wenn die Teilnehmenden in ihren eigenen Organisationen und in der Gesellschaft eine neue politische Kultur der Solidarität, Toleranz, Empathie und Anerkennung, des Zuhörens, der Pflege des Arguments, der Mitmenschlichkeit und Nächstenliebe zu voller Geltung bringen und den Zustand der eigenen Institutionen und des eigenen Handelns daraufhin überprüfen. Dies als Gegenpol zum Diskurs der extremen Rechten, die alle negativen Seiten im Menschen – Menschenverachtung, Rassismus, Nationalismus und Gewalt – mobilisiert.

Wichtig ist, wie zu sprechen ist, wenn Menschen einander erreichen wollen. Rosa Luxemburg klagte über die übliche Sprache in der Politik: »Es ist ja alles so konventionell, so hölzern, so schablonenhaft.« »Doch andere Zeiten wollen andere Lieder haben. Aber eben ›Lieder‹, unser Geschreibsel ist ja meistens kein Lied, sondern ein farbloses und klangloses Gesurr, wie der Ton eines Maschinenrades. […] Ich glaube, dass man jedes Mal, jeden Tag, bei jedem Artikel wieder die Sache durchleben, durchfühlen muss, dann würden sich auch frische, von Herzen und zum Herzen gehende Worte für die alte, bekannte Sache finden.«

Das Bild einer besseren Zukunft mag verhältnismäßig leicht zu beschreiben sein. Aber auf welchen Wegen sollen wir dahin kommen, fragen sich viele. Reformen haben beachtliche zivilisatorische Fortschritte erbracht, aber keine Lösung für die größten Menschheitsprobleme – weil sie die Grundstrukturen des Kapitalismus nicht antasteten. Revolutionen haben kapitalistische Eigentums- und Machtstrukturen infrage gestellt. Aber viele sind gescheitert, weil hochkomplexe gesellschaftliche Verhältnisse nicht in einem einzigen großen historischen Akt überwunden werden können. Manchmal aber hätte es ohne sie keinen Durchbruch gegeben. Reformen allein oder Revolution allein versprechen keine Lösung.

Radikale soziale und ökologische Reformen können zu einer systeminternen Transformation vom neoliberalen Kapitalismus zu einem sozialeren, demokratischer funktionierenden und grünen postneoliberalen Kapitalismus führen. Aber sie wären stets von einem Rollback zu einem härteren Profitregime bedroht – so wie die soziale Marktwirtschaft der Nachkriegsjahrzehnte durch den neoliberalen Kapitalismus zurückgedrängt wurde. Eine doppelte Transformation böte Wege in die Zukunft: Mitten im innersystemischen progressiven Wandel wären bereits Einstiegsprojekte in eine systemüberschreitende Große Transformation zu suchen. Sie könnten dort entstehen, wo Konflikte von besonderer Bedeutung für das Leben vieler Menschen aufbrechen.

Die Mieterbewegung in Berlin beispielsweise hat mit einem Mietendeckel immerhin einen Mietpreisstopp für fünf Jahre und Mietrückzahlungen an rund 1,5 Millionen Mieter erreicht. Und als der Widerstand der Immobilienkonzerne allzu sichtbar wurde, stimmten 56,4 % der Bürgerinnen und Bürger für den Erlass eines Gesetzes zur Enteignung von Deutsche Wohnen & Co. Die Klimawende verbunden mit einer Jobgarantie guter Arbeit fordert umfassende öffentliche Investitionslenkung und Ausrichtung des Finanzsystems an dieser Aufgabe, verlangt die Umkehr der ständigen Umverteilung nach oben, hin zur globalen Klasse der Superreichen, braucht die Ablösung der privaten Internetkonzerne durch öffentliche Plattformen und vieles andere mehr.

Hier werden Übergänge zwischen systeminternen und systemüberschreitenden Prozessen sichtbar. Viele Formen des Neubeginns, viele kleine und größere Reformen, partielle und tiefergreifende Brüche eines »System Change« werden wohl den Weg in ein gutes Leben in einer gesunden Natur bestimmen.

Antje Vollmer

Haben die liberalen Demokratien westlichen Zuschnitts noch eine Zukunft?

Berliner Zeitung vom 31. Januar 2021

Die Blütenträume und die Euphorie der großen Zeitenwende von 1989/90 sind verflogen. Kein Wort mehr von einer neuen Friedensära, von einer multilateralen Weltordnung bei Stärkung der UNO, von dem Epochenziel einer gemeinsamen Wirtschafts- und Sicherheitsarchitektur von Lissabon bis Wladiwostok oder gar von der weltweiten Akzeptanz und Durchsetzung westlicher Werte und Gesellschaftsmodelle.

Wie ist es dazu gekommen? Worin liegen die Ursachen dieses Verlustes? In äußeren Faktoren oder im eigenen Unvermögen der Akteure?

Immer deutlicher wird: Es waren nicht die unvermeidlichen Mühen der politischen Ebenen, es war nicht allein der 11. September 2001 mit seinen Folgekatastrophen, nicht die Finanzkrise von 2008 und auch nicht die Wahl Donald Trumps, die diese Träume zerstört haben. Es war eine grundsätzliche Unfähigkeit der westlichen Demokratien Europas, einen guten Plan für die Zeit nach dem unerwartet glücklichen Ende des Kalten Krieges zu entwickeln.

Es gab zwar Pläne, aber die waren weitgehend nicht in Europa, sondern in Amerika ersonnen, in den neoliberalen und neokonservativen Thinktanks und transatlantischen Beraterkreisen. Sie nutzten die Gunst der Stunde, um die Siegerposition aus dem Ost-West-Systemkonflikt konsequent auszuschöpfen. »America First« war zwar erst viel später die Leitparole von Donald Trump, aber der Sache nach war es der Leitstern, dem alle US-Regierungen stets folgten.

Das sowjetische Vielvölkerreich war in instabile Nationalstaaten zerfallen, Russland durch die neoliberalen Wirtschaftsexperimente der Jelzin-Ära ökonomisch und sozial geschwächt. Es wurde zur Regionalmacht herabgestuft. Die Führungen aller postkommunistischen Staaten strebten in die NATO und die EU und sehnten sich nach der Übernahme des westlichen Lebensstils. Das aufsteigende China wurde bald als neuer Gegner und geopolitischer Konkurrent ausgemacht. Der Kampf um die Ressourcen des Nahen Ostens mit dem Erzfeind Iran eskalierte zu offenen Kriegen oder Bürgerkriegen (Irak, Afghanistan, Syrien, Libanon, Jemen).

Es dauerte eine ganze Weile, bis immer mehr Menschen in diesen Staaten der Glaube daran verloren ging, sie seien nach 1989 in einer glücklicheren Welt der Freiheit aufgewacht. Es dauerte, bis Zweifel daran aufkamen, ob Globalisierung und Digitalisierung wirklich nur ein Segen für die Menschheit seien, ob Privatisierung und Deregulierung des Wirtschaftslebens und unbegrenzte Allmacht des internationalen Finanzkapitals wirklich die Garanten des Wohlstands für alle wären.

Es war eine echte, aber andere Revolution, die stattgefunden hatte. Sie wurde nur nicht so genannt. Es war ein propagandistisch begleitetes Meisterstück politischer Strategie, das daherkam im Gewand eines Befreiers, der vorgab, die tiefsten Sehnsüchte der Menschen hinter dem Eisernen Vorhang zu erfüllen.

Und tatsächlich gab und gibt es solche Sehnsüchte bei den jungen Eliten in Ost und West, besonders in den sozialen Medien, die die entfesselten Freiheiten mit allen Sinnen auskosten und dabei individuelle Karrieren und eine Kreativität nie gekannten Ausmaßes entwickeln. Nicht wenige von diesen kamen aus den abgelösten Oligarchien des Sowjetsystems, andere aus dem Kreis der Dissidenten.

Es scheint aber inzwischen so, dass auch diese Revolution das Schicksal aller großen Revolutionen teilt: Nach dem Rausch kommt die Ernüchterung. Und der bohrende Zweifel, ob das große Freiheitsversprechen wirklich eingelöst wurde.

Alle rechtspopulistischen Strömungen in Ost und West haben in dieser Ernüchterung und in der daraus folgenden Wut ihre Ursache. Darum sind sie so gefährlich. Darum muss man begreifen, was eigentlich falsch gelaufen ist. Denn der Kern dieses Zweifels zielt auf das westliche Gesellschaftsmodell selbst.

Demokratien können sich nicht durch Gewalt und Unterdrückung behaupten wie Diktaturen. Sie werden auf Dauer auch nicht durch moralische Ansprachen und Propaganda begründet und verteidigt. Der Kern ihrer Daseinsberechtigung liegt darin, dass sie glaubhaft und dauerhaft den Menschen einen Rahmen von gerechtem Chancenausgleich, eine stabile Rechtsordnung, persönliche Freiheit, Friedenssicherung nach innen und außen, eine verlässliche soziale Daseinsvorsorge und gute Zukunftsaussichten für die nächste Generation garantieren.

Ob die westlichen Demokratien dies alles noch für die Mehrheit ihrer Bevölkerungen leisten, ob sie wirklich als Modell für alle Gesellschaften der Erde taugen, das ist der Kern ihrer heutigen Infragestellung und Krise.

Konkrete Beispiele: Nach Jahrzehnten und trotz gigantischen Militär- und Propagandaeinsatzes ist kein Frieden in Afghanistan eingekehrt. Der Nahe Osten versinkt in Bürger- und Stellvertreterkriegen. Millionen von weniger Privilegierten leiden an völliger Erschöpfung wegen der Unsicherheit ihrer Lebensperspektiven. Mangelnde Qualifikationen für die Erfordernisse der digitalen Welt verstärken ihre Existenzunsicherheit. Die Finanzkrise von 2008 hat ganze Volkswirtschaften ruiniert und den obszönen Reichtum weniger ins Unfassbare gesteigert. Die deregulierten Börsen haben sich umfassend von der Realwirtschaft und jeglicher politischer Kontrolle abgekoppelt.

Die Klimakrise wird zur vorherrschenden Gattungsfrage. Die Europäische Union ist durch den brutalen Umgang mit Griechenland, den immerwährenden Streit mit Ungarn und Polen, durch den Brexit, die ungeregelte Migration, die ständigen Rüstungsanforderungen und den Sanktionsdruck aus Washington geschwächt.

Vor diesem Hintergrund stößt die Corona-Pandemie bereits auf eine geschwächte Vertrauensbasis. Der Gipfel dieser Zweifel aber wird durch die Tatsache gestützt, dass das sogenannte Mutterland der Demokratie, die USA, nicht nur einen Donald Trump legal gewählt und vier Jahre lang ertragen hat, sondern diesen immer noch mit einer Zustimmung von 74 Millionen stützt.

Es ist eine Illusion zu glauben, dieser Schaden sei mit der Wahl Joe Bidens dauerhaft behoben und Amerika werde – mit Unterstützung der EU und diverser transatlantischer Fanklubs – zu alter Weltbedeutung und Vorbildfunktion zurückkehren. Das ist ein Trugbild. Es wird nicht so kommen.

Alles hängt in diesem kritischen Moment davon ab, ob die politischen, intellektuellen und medialen Eliten der westlichen Demokratien noch zu einer umfassenden Selbstkritik in der Lage sind. Und zu den notwendigen Konsequenzen daraus.

Sie müssen endlich erkennen, dass ihr Glücksversprechen stark den eigenen Interessen, den eigenen Freiheits- und Machtbedürfnissen verpflichtet war und denen von Ihresgleichen in den zu beglückenden neuen Demokratien. Der Applaus aus den eigenen Reihen reicht aber nicht mehr. Ganze Bevölkerungsschichten und deren Bedürfnisse und Ängste wurden außer Acht gelassen. War es früher noch eine akzeptierte Richtschnur, dass Demokratien darauf zu achten hätten, dass mindestens zwei Drittel der Bevölkerung an der positiven Entwicklung des Gemeinwesens und des kulturellen Gesellschaftsvertrags partizipieren sollten, ist dies längst obsolet geworden. An die Stelle echter Kenntnis der Volksmeinung sind mediale Kampagnen der *political correctness* getreten. Manches Elitenprojekt – von der Sternchen/Gender-Sprachverhunzung bis zu den extremsten Zügen der Lifestyle-Libertinage – trägt skurrile Züge. Das mag liebenswert erscheinen, entbehrt aber trotzdem jeder demokratischen Absegnung und kann Menschen anderen Lebensstils tief verunsichern.

Viele Führungskräfte in Politik und Medien leben in einer eigenen Blase, mit eigenen Wertmaßstäben. So werden die innereuropäischen Konflikte, ob mit Griechenland und Italien, ob mit Ungarn und Polen oder gar mit Russland, in der Regel vom hohen Ross eines moralischen Imperialismus ausgefochten. Insbesondere die *glücklichen Deutschen* und Teile des europäischen Parlaments neigen seit 1990 zu dieser unangenehmen Form des Nicht-Dialogs. Sie sollten allmählich erkennen, dass diese Methode der Auseinandersetzung zwischen unabhängigen Staaten in der realen Außenpolitik regelmäßig scheitert.

Völlig entbehrt dieser hochfahrende Gestus jeglichen Verständnisses für die echten Schwierigkeiten, eine schwach entwickelte Volkswirtschaft von heute auf morgen der Konkurrenz einer hochentwickelten auszusetzen (Griechenland), oder für die Mühen ganz Ost- und Mitteleuropas, eine tief verunsicherte Gesellschaft mit rechtstaatlichen Institutionen und Verhaltensweisen auszustatten. (Die Deutschen haben nach zwölf Jahren NS-Diktatur mehr als drei Jahrzehnte dafür gebraucht.)

Besonders ärgerlich ist die fehlende Empathie gegenüber den gigantischen Problemen Russlands – immer noch ein Riesenreich, das in einer neuen Weltordnung einen angemessenen Platz sucht. Die Geschichte bietet wenige Vorbilder für gelungene Transformationen dieser Art. Wenigstens die Tatsache, dass Russland entscheidend war beim Zustandekommen der deutschen Wiedervereinigung und für den Gewaltverzicht in den Umbruchprozessen, hätte einen anderen Verlauf des deutsch-russischen Verhältnisses verdient.

Heute muss der Westen erleben, dass ein autoritär geführtes Land wie die VR China in den Augen von immer mehr Staaten die großen Welt- und Daseinsprobleme offenbar wirksamer zu bewältigen versteht als die eigene Führungsmacht. Ob es die Pandemie-Bekämpfung ist, die Tatsache, dass 800 Millionen Menschen der absoluten Armut entrissen wurden, das Entwicklungsmodell der Neuen Seidenstraße, die Anstrengungen im Klimaschutz und bei der Ausbildung einer CO_2-neutralen Wirtschaft und Infrastruktur, der Erwerb eigener unabhängiger Kompetenzen im Internetbereich, die Fähigkeit, eigene Bündnisse und Freihandelszonen zu schmieden, und zwar ohne ständige moralische Bevormundung – das alles ist Grund genug, ins Grübeln über das westliche Fortschrittsversprechen zu kommen. Zwar ist das alles ohne unser Demokratieverständnis gekommen, auf das wir nicht verzichten wollen und werden. Der Verweis auf Tibet, die Uiguren und die Hongkong-Dissidenten ist nicht unberechtigt, reicht aber nicht hin, den Aufstiegs Chinas zu erklären oder gar zu verhindern.

Wenn die westlichen Demokratien nicht dauerhaft verlieren wollen, müssen sie endlich ihre Lage begreifen und über Fehlentwicklungen der letzten 30 Jahre diskutieren. Sie müssen sich von der geliebten Annahme der selbstverständlichen, unbestreitbaren Überlegenheit ihres Systems in Form und Inhalt verabschieden. Sie müssen ganz neu anfangen, ihre eigenen Feindbilder und Hysterien zu bekämpfen, die längst einen neuen Kalten Krieg vorbereiten. Sie müssen wieder lernen, diplomatische Kompromisse zu schließen: mit China, mit Russland, mit dem Iran, mit Griechenland, Polen und Ungarn. Sie müssen alles auf die Karte der UNO setzen. Sie müssen endlich den internationalen Konzernen, Banken und Hedgefonds, Google und Amazon, Steuern und Regeln verordnen, sie dürfen vor US-Sanktionen nicht länger kuschen. Sie müssen die Rüstungsausgaben begrenzen und umgehend mit einer weltweiten Entspannungspolitik ernst machen. Sie müssen sich neu als Demokratie erfinden.

Das sind Herkulesaufgaben mit ungewissem Ausgang. Aber wenn Demokratien das nicht können, wer sonst?

Daniela Dahn/Dieter Klein

Die Demokratie ist nur zu erneuern, wenn die Eliten auf Privilegien verzichten

Berliner Zeitung vom 13. Februar 2021

1990 eröffnete das Ende des Staatssozialismus in Europa die historische Chance eines Neubeginns jenseits der Defizite von Plan und Markt, dafür diesseits partizipatorischer Demokratie und internationaler Friedensordnung. Sie blieb ungenutzt. Die Hybris des Westens hat sie verhindert, wie Antje Vollmer brillant belegt. Ihre überzeugende Analyse provoziert dennoch Nachfragen.

Warum hätte das vermeintlich siegreiche System einen Plan haben sollen, wie es weitergeht? Westlicher Triumphalismus verkannte das Übriggebliebene als das Bewährte, ging mit anmaßender Selbstverständlichkeit davon aus, dass mit dem Versprechen von Freiheit, Demokratie plus Marktwirtschaft der Höhepunkt gesellschaftlicher Entwicklung erreicht sei. Andere Ordnungen würden nichts sehnlicher wünschen, als sich in das westliche Lebensmodell zu integrieren. Besser geht nicht – es sei denn, besser verdienen.

Die Stunde der Cleversten und nicht selten auch Skrupellosesten hatte geschlagen. Sie fanden sich im Washington Consensus: Deregulieren, Privatisieren, Spekulieren mit toxischen Fonds. Wehe dem Sieger, dessen Hochmut ihn blendet, die dunklen Wolken am Horizont wahrzunehmen.

Der tiefere Grund für diese blinde Unlust war die berechtigte Befürchtung der Herrschenden, dass zukunftsfähige Veränderungen ihre Besitzstände bedrohen würden. Denn zu fragen ist, welche Strukturen den Fortschritt blockieren. Solcher Ansatz mag old-fashioned anmuten. Aber er hat alle großen Umwälzungen in der Geschichte eingeleitet. Wie dringlich es ist, an die Wurzeln zu gehen, wird in der Corona-Bedrängnis tödlich sichtbar. Gesundheit und Leben sind das höchste Gut, weshalb es sich verbietet, sie global gewinnträchtiger Rentabilität unterzuordnen. Die für ein menschenwürdiges Leben fundamentale Daseinsfürsorge bleibt weit hinter dem zurück, was ihr in einer zivilisierten Welt zukommen sollte.

Jeder Mensch hat das Recht auf soziale Sicherheit – Artikel 22 der UN-Charta ist für die meisten Menschen im In- und Ausland das wichtigste Grundrecht. Für westliche Eliten eher ererbte oder erworbene Selbstverständlichkeit, die hinreichendes Mitgefühl für die mit dem Pflichtteil Abgespeisten vermissen lässt. Ganz zu schweigen von der Ignoranz gegenüber dem Elend der Welt. Viele von uns Wohlhabenden haben nie verinnerlicht, dass die für uns so existenziellen politischen Grundrechte wie Rede- und Meinungsfreiheit nur denen zuteilwerden, die »frei von Furcht und Not« sind.

Welche Politiker erwägen heute noch ernsthaft, statt Flucht Fluchtursachen zu bekämpfen? Die Digitalisierung wird als Herausforderung begriffen, die Alphabetisierung nicht. Beeindruckend, wie reiner Wasserstoff als Energie der Zukunft gewonnen wird, beschämend, dass gleichzeitig Milliarden Menschen nicht genug sauberes Wasser haben.

Der Fortschrittsglaube musste herbe Rückschläge hinnehmen. Das Ende von Fukushima war auch das Ende der Heilslehre von Fukuyama. Auf die Agenda weiterdenkender Kräfte gerät immer öfter die Forderung, die soziale Infrastruktur von Wasser, Strom, Heizung, Transport, Gesundheit, Pflege und Bildung nicht im zwingend Profit maximierenden Privateigentum zu belassen. Die Eigentumsgarantie müsse dort ihre Grenze finden, wo sie auf Kosten der Mehrheit zu abnormem Reichtum und dazu führt, dass wenige die Geschicke aller bestimmen. Die Daseinsvorsorge als Fundament der Gesellschaft müsse ein öffentliches Gut sein, ein Commons, ein Gemeinwohlsektor, der folgerichtig auf Gemeineigentum gegründet ist. Einem Eigentum, über das im Gegensatz zum Staatseigentum nicht separate Gruppen verfügen, sondern tatsächlich alle. Das durch keine feindliche Übernahme und keinen Politikerwechsel entzogen werden kann.

Eine Gesellschaft, in der ein solches Eigentum dominant ist, wäre die einzige, die gemeinschaftlich erwirtschaftete Überschüsse aus freiem, demokratisch ermitteltem Willen in einen Topf werfen kann, aus dem ein Luxus anderer Art subventioniert würde: heilig nicht Geld, sondern Gattung, nicht Profit, sondern Gesundheit von Mensch und Tier in unbeschadeter Natur.

Doch die in Art. 15 GG als Option angebotene Gemeinwirtschaft ist verfassungsrechtlich und erst recht in der Praxis Terra incognita. Gemeineigentum ist als Einfallstor für Demokratisierung der Wirtschaft unerwünscht. Es hat angeblich in der Kommandowirtschaft seine Untauglichkeit bewiesen. Doch eine Idee wird nicht durch ihre Verfälschung widerlegt. Die Verfälschung kann sich vielmehr an ihre Stelle setzen und sie auslöschen. So ist die Eigentumsfrage die verwundbare Stelle der kapitalistischen Gesellschaft geblieben. Wer die Systemfrage stellt, kommt an diesem Tabu nicht vorbei. Ein Verbot, das der Leitidee der »Geldwesten« entspricht.

Warum hat die Sogwirkung der westlichen Demokratien so nachgelassen? Antje Vollmer verweist auf den zunehmenden Zweifel an der Einlösbarkeit der westlichen Heilsversprechen. Zwar hat sich vieles in den Lebensverhältnissen großer Teile der Bevölkerung in Ost und West verbessert, selbst einige Entwicklungsländer haben der Erwartung entsprochen, sich zu entwickeln. Gleichzeitig ist die obszöne Kluft zwischen Reichen und Armen fast überall ins Unermessliche gestiegen und droht selbst die Mittelschichten in den Abgrund zu reißen. Viele Menschen spüren, wie ihnen unter dem Druck der Konkurrenz (und nun noch der Pandemie) die Kontrolle über ihr Leben entgleitet. Ihre Kinder werden es einmal nicht besser haben, so befürchten diese schon selbst. Nie war nach dem Ende des Kalten Krieges die Gefahr eines heißen, nämlich atomaren Krieges so groß.

Die Kontrollmacht der Konzerne nimmt ständig zu. Wenige IT-Giganten bauen ihre digital gestützte Fähigkeit aus, von den Nutzern ihrer Plattformen Millionen Daten herauszufiltern, nicht nur um Voraussagen über deren Verhalten zu machen, sondern dieses in die gewünschte Richtung zu lenken. Lobbyisten vereinen das Eindringen in Märkte mit dem in die Seele der Menschen. Reguliert werden nicht mehr nur Volkswirtschaften, reguliert wird das Volk selbst. Massenhafte Persönlichkeitsprofile werden zu hochprofitablen Waren, gefragt bei Produzenten, Werbeagenturen, Wahlmanagern und Geheimdiensten. Ungezählte Kameras, Sensoren oder Fitnessgeräte erfassen rund um die Uhr Gespräche, Bewegungen, Vorlieben.

Diese Kehrseite einer zweifellos auch grandiosen Digitalisierung schafft einen alles überschattenden Überwachungskapitalismus, der den ungelenken Menschen zu einem gelenkten macht. Diese neue Machtfülle geben die Herrschenden nicht auf – doch warum sollten ihre Untergebenen das auf Dauer für Freiheit halten?

Ist die strukturelle Gewalt des Kapitalismus durch Selbstkritik der Eliten zu heilen? Antje Vollmer hofft darauf. Immerhin waren einzelne Vertreter der politischen oder medialen Eliten scharfe Kritiker des zerstörerischen Wachstums – fast ohne Erfolg allerdings. Man denke nur an die jahrzehntealten Warnungen des Club of Rome, deren düstere Prognosen dennoch überboten wurden. Kann man gewachsene Strukturen aus den Angeln heben wollen, ohne sich dem Vorwurf auszusetzen, den Boden der freiheitlich demokratischen Grundordnung zu verlassen, wenn nicht gar die westliche Wertegemeinschaft?

Der der Rebellion unverdächtige einstige Bundesverfassungsrichter Ernst-Wolfgang Böckenförde vertrat die Ansicht, dass der Kapitalismus nicht nur krank sei, sondern »seinen inhumanen Charakter« offenbare. Sein einziges Ziel sei unbegrenztes Wachstum und Bereicherung. Das Gebrechen des Kapitalismus sei nicht in seinen Auswüchsen zu sehen, sondern in seiner Leitidee und deren systembildender Kraft. Deshalb könne die Krankheit nicht mit »Heilmitteln am Rand« beseitigt werden, sondern nur mit »Umkehrung des Ausgangspunktes«. Daraus ist zu schließen, dass der Kapitalismus nur zu retten ist, wenn er so lange reformiert wird, bis er keiner mehr ist. Revolutioniert, nicht zuletzt durch Eroberung der Gesetz- und Verfassungsgebung.

Böckenförde fragte auch, wie das Volk als Gesetzgeber beschaffen sein muss. Sachkundig offenbar, nicht entpolitisiert von purer Unterhaltung dienenden Fernsehprogrammen, abgelenkt durch die Verführung sozialer Medien. Im Unklaren gelassen etwa darüber, dass der Kapitalismus sich mit Gesetzen und Verträgen gegen demokratische Einmischung weitgehend immunisiert hat. Soziale Bewegungen wie zuletzt die Fridays for Future werden ins Geschäft integriert – in die inhumane Funktionslogik der gesetzlich geschützten Privatwirtschaft.

Menschenrechte verteidigt man am besten, indem man sie selbst einhält. Das kritische Bewusstsein der Eliten wäre besonders gefragt gewesen, als begonnen wurde, den westlichen Lebensstil gewaltsam zu exportieren. Staaten, die es wagten, ihre Natur-Ressourcen privaten Eigentümern entziehen zu wollen, wurden früher oder später zu Schurkenstaaten erklärt und mit dem selbstmandatierten Recht zu Gewalt angegriffen. Mit Krieg, mit inszenierten Umstürzen oder lebensbedrohenden Wirtschaftssanktionen. Das ist viele Male geschehen.

Staaten, die verstaatlichen wollen oder nicht schnell genug privatisieren, setzten ihre Bürger einem großen Risiko aus. Nach der vom Westen letztlich aufgekauften 1989er-Revolution folgte bald die völkerrechtswidrige und unter falschen Behauptungen erfolgte NATO-Bombardierung Serbiens – ein überflüssiger Krieg mitten in Europa, um letzte Überbleibsel sozialistischer Wirtschaftsstrukturen zu zerschlagen. Mit »humanitären Interventionen« hatte die NATO sich ein neues Betätigungsfeld geschaffen. Sie wurden begleitet mit vom Westen gestützten Farbrevolutionen, von denen keine so hoffnungsfroh endete, wie sie begonnen hatte. Und vom Krieg gegen den Terror, der vorgab, den Menschen Befreiung vom Islamismus im Tausch gegen Freiheit und Demokratie zu bringen. Die Lesart Einzelner, wonach Krieg der Terror der Reichen ist, Terror dagegen der Krieg der Armen, wurde geflissentlich überhört.

Wir stehen wieder an einer Zeitenwende. So wie es ist, bleibt es nicht. Noch sind Optionen offen. Es gibt Grund zu Hoffnung, aber auch zu der Angst, dass ein nationalistisches Bündnis von Teilen der Begünstigten mit Deklassierten in prä- oder offen faschistische Zustände mündet. Dennoch ist kaum zu erwarten, dass die privilegierten Eliten, von Ausnahmen abgesehen, zu einer Selbstkritik fähig sein werden, die über moralische Appelle hinaus auf Veränderung der ökonomischen und politischen Machtstrukturen zielt. Es sei denn, sie hätten den Mut, einzugestehen, dass ihre Privilegien nicht in einer vom Klima bedrohten, sich bekämpfenden, zerfallenden Weltordnung zu halten sind.

Sie hätten dann zu akzeptieren, dass die große Mehrheit der Menschen es vorzieht, in Ordnungen mit eigenen Wertvorstellungen zu leben. Und dass die Hybris des Westens aufhören sollte, sie allein deshalb als »Regime« zu disqualifizieren. Soziale, fortschrittliche Bewegungen hier wie dort wären gleichermaßen als Verbündete zu akzeptieren. Die zu bewältigenden Schwierigkeiten haben Ausmaße angenommen, die ein Tabuisieren der hinderlichen Strukturen nicht mehr erlauben und statt Vormachtfantasien friedlichen Wettstreit gebieten.

Ralf Fücks

China und der Westen: Der neue Systemwettlauf

Berliner Zeitung vom 20. Februar 2021

»Überheblich, arrogant und unfähig, aus den eigenen Fehlern zu lernen. Das ist die Lage der liberalen Demokratien 30 Jahre nach dem Sieg im Kalten Krieg« – so beginnt Antje Vollmers Abrechnung mit Hochmut und Niedergang der westlichen Demokratien, die jüngst erschien. Sie spart nicht mit schneidender Kritik am »moralischen Imperialismus« des Westens und klappert heftig mit dem Schreckgespenst des entfesselten Finanzkapitalismus, der unter der Flagge unbegrenzter Freiheit segelte.

Daran ist nicht alles verkehrt, und dennoch ist dieses Bild merkwürdig verzerrt. Von auftrumpfendem Sendungsbewusstsein ist im Westen wenig zu spüren. Die europäischen Demokratien erscheinen eher kleinmütig, voller Selbstzweifel und auf der Suche nach ihrer verlorenen Zukunftszuversicht. Außenpolitisch dominiert Konfliktscheu.

Das gilt allemal für Deutschland, das bei unseren Partnern inzwischen den Ruf eines kollektiven Wehrdienstverweigerers hat. Von Kalter-Kriegs-Mentalität keine Spur – wir machen Geschäfte mit allen und huldigen der Illusion, dass sich alle Konflikte durch Geld und guten Willen lösen lassen. Dass wir den altdeutschen Militarismus abgeworfen haben, ist ein Segen. Aber ist der neudeutsche Nationalpazifismus mehr als die moralische Überhöhung einer »Ohne uns«-Mentalität, die einer Flucht aus der Verantwortung gleichkommt?

Noch befremdlicher erscheint der aus tiefstem Herzen kommende Abgesang auf die USA – ausgerechnet in einem Moment, in dem Amerika einen unseligen Präsidenten abgeschüttelt hat, sich auf sein demokratisches Erbe besinnt und wieder Europa zuwendet. Die Anti-Amerika-Obsession teilt Antje Vollmer mit einem prominenten grünen Weggefährten: Ludger Volmer, einst Joschka Fischers Stellvertreter im Auswärtigen Amt, setzte in seinem in dieser Zeitung noch eins drauf. Die »Pax Americana«

ist für ihn »blamiert und verhasst«. Wirklich? Und bei wem? Die USA sind immer noch Einwanderungsland Nummer eins, ein Magnet für Glückssucher aus aller Welt, und von Belarus bis Hongkong hoffen Millionen Menschen auf Amerika als Rückhalt ihrer Sehnsucht nach Freiheit und Demokratie.

So scharf ihre Kritik an politischen Irrtümern und sozialen Schieflagen des Westens ist, so milde gehen Vollmer und Volmer mit der aufsteigenden Supermacht China um. Hier wechseln sie vom Seziermesser zum Weichzeichner. Umerziehungslager, Zwangssterilisierung, willkürliche Verhaftungen und ein totalitäres Überwachungsregime gegenüber den Uiguren? Ludger Volmer hat großes Verständnis für die Furcht des Pekinger Politbüros vor einem Zerfall des Reichs. Die beinharte Kolonisierung Tibets? Nicht schön, aber gegenüber dem alten feudal-klerikalen Regime doch ein Fortschritt. Hongkong ist ihm keine Rede wert, ebenso wenig das Säbelrasseln gegenüber Taiwan. Die Rechtlosigkeit des Individuums, die Zensur, der chinesische Gulag mit Millionen von Zwangsarbeitern, die Bereicherung der neuen Mandarine – das alles verblasst gegenüber der ökonomischen Erfolgsgeschichte Chinas.

Hier kommen wir zu des Pudels Kern. Volmer spielt soziale gegen politische Menschenrechte aus. Dass das pseudo-kommunistische China den Aufstieg von 700 Millionen Menschen aus bitterer Armut bewerkstelligte, wiegt für ihn schwerer als die Negation von Rechtsstaat und Demokratie durch die herrschende Funktionärselite.

Lassen wir beiseite, dass erst die Entfesselung des Kapitalismus und die Integration Chinas in den Weltmarkt – die böse Globalisierung – dieses Wirtschaftswunder ermöglichte. Volmers Argumentation gipfelt in dem Satz: »Menschenleben sind noch wichtiger als Menschenrechte.« Das lässt tief blicken, und zwar in einen Abgrund. Was wiegt ein Menschenleben in einem Staat, der die Menschenrechte mit Füßen tritt? Wer schützt das zerbrechliche Individuum, wenn keine Gewaltenteilung, keine unabhängige Justiz, keine freie Presse den Mächtigen Einhalt gebietet? Man möchte allen Schönrednern des chinesischen Regimes Liao Yiwus

»Für ein Lied und hundert Lieder. Ein Zeugenbericht aus chinesischen Gefängnissen« zur Pflichtlektüre aufgeben.

Die Väter und Mütter des Grundgesetzes wussten zu gut, dass der Schutz von Menschenleben und Menschenwürde unauflöslich an Demokratie und Rechtsstaat gebunden ist. Die liberale Demokratie garantiert nicht das Glück aller. Sie ist auch keine Gewähr dafür, dass es gerecht zugeht. Aber sie ist unsere erste und letzte Rückversicherung gegen den Rückfall in die Barbarei. Dass diese Einsicht von »links« infrage gestellt wird, erinnert an die alte Rechtfertigung der Vernichtung politischer Freiheit im Namen sozialer Gleichheit.

Nun kann man China beim besten Willen nicht als Hort sozialer Gerechtigkeit präsentieren. An ihre Stelle tritt jetzt der »soziale Fortschritt«, der die Diktatur in mildem Licht erscheinen lässt. Dabei gibt es in Asien ökonomische und soziale Erfolgsgeschichten, die Hand in Hand mit Demokratie und Menschenrechten gehen. Südkorea und Taiwan gehören dazu, auch Hongkong, das gerade unter das Joch des chinesischen Parteistaats gezwungen wird.

Taiwan wie Hongkong widerlegen auch den Kulturrelativismus, der bei Antje Vollmer anklingt und von Ludger Volmer mit seinem Plädoyer für eine »neue politische Relativitätstheorie« auf die Spitze getrieben wird. Sie bedeutet nichts weniger als den Abschied von der Universalität der Menschenrechte, die zu »westlichen Werten« degradiert werden. Volmer übernimmt damit die Rhetorik aller autoritären Regime dieser Welt, die das Konzept universeller Menschenrechte als imperialistischen Trick abtun, mit dem der Westen seine globale Hegemonie bemäntelt.

Mehr noch: Volmers politische Relativitätstheorie gleicht bis in die Wortwahl dem Konzept des »Ethnopluralismus«, das von völkischen Nationalisten verfochten wird. Im Originalton: »Jahrhundertelang entwickelten die Populationen in unterschiedlichen Raumzeit-Relationen eigene Muster des Menschseins. [...] Wir Europäer haben jedes Recht, unsere kulturelle Identität zu behaupten, solange wir auch anderen ihren Raum lassen.« An die Stelle der liberalen Weltordnung, die auf einem gemeinsamen

Rechtsrahmen mit den Menschenrechten als Kern basiert, tritt die Koexistenz unterschiedlicher Kulturräume mit ihren eigenen Traditionen und Werten. Das ähnelt den Ordnungsvorstellungen des russischen Philosophen Alexander Dugin und anderer völkischer Ideologen wie ein Ei dem anderen.

Vollmer und Volmer haben einen Punkt, wenn sie darauf insistieren, dass die ökonomische und machtpolitische Dominanz des Westens ihrem Ende zugeht. Sie schütten aber das Kind mit dem Bade aus, wenn sie damit auch die Universalität der Menschenrechte und die liberale, auf gemeinsamen Regeln basierende Weltordnung verwerfen.

Besonders makaber ist ihr Kulturrelativismus angesichts der neu erwachten Demokratiebewegungen in der nicht-westlichen Welt. Was haben sie den Millionen Menschen zu sagen, die in Weißrussland, in Myanmar oder im Sudan für politische Freiheit eintreten? Und was ist ihre Botschaft an die jungen Leute, die dieser Tage in Russland Kopf und Kragen riskieren, um gegen ein autoritäres und bis ins Mark korruptes Regime zu protestieren? Pech gehabt – ihr gehört nun mal zu einem anderen Kulturkreis, zur Autokratie verdammt bis in alle Ewigkeit?

Ja, in den liberalen Demokratien des Westens ist seit dem Sieg im Kalten Krieg vieles aus dem Ruder gelaufen. Aber die Idee der Freiheit hat nicht an Anziehungskraft eingebüßt. Früher oder später wird sie sich auch in China, im Iran und der arabischen Welt wieder zu Wort melden. Die Relativierung liberaler Werte zu predigen, führt auf eine abschüssige Bahn. Wer seine Werte nicht selbstbewusst nach außen vertritt, kann auch nicht überzeugend gegen antidemokratische Kräfte im eigenen Haus auftreten.

Antje Vollmer beklagt die mangelnde Empathie gegenüber Russland. Welches Russland ist gemeint? Es mangelt bei uns nicht an Verständnis für das Putin-Regime, wohl aber an Empathie für die demokratische Zivilgesellschaft in Russland, für die Bürgerinitiativen, Künstlerinnen, kritischen Journalisten und Oppositionellen, die als ausländische Agenten stigmatisiert, mit Berufsverbot belegt, vor Gericht gezerrt werden und um ihr Leben fürchten müssen.

Demokratisches Selbstbewusstsein ist umso wichtiger angesichts der neuen Systemkonkurrenz zwischen liberalen Demokratien und selbstbewusst auftrumpfenden autoritären Regimen. Wir sollten uns keine Illusionen darüber machen, dass sie mit uns lediglich schiedlich-friedlich Handel treiben und ansonsten in Ruhe gelassen werden wollen. China wie Russland dulden keine demokratischen Alternativen in ihrem Machtbereich. Und sie setzen alles daran, die liberale Demokratie auch in Europa und Amerika zu schwächen.

China strebt nach wirtschaftlicher, technologischer und militärischer Dominanz. Wer in Abhängigkeit von der neuen Supermacht gerät, wird zum Wohlverhalten gezwungen. Dagegen kann sich Europa nur in einer Allianz der Demokratien behaupten, mit dem transatlantischen Bündnis als Kern. Wer die Abkopplung von den USA propagiert, spielt den strategischen Zielen Pekings und Moskaus in die Hände.

Außenpolitische Wehrhaftigkeit ist das eine. Wir werden den neuen Systemwettbewerb aber nur gewinnen, wenn wir das eigene Haus in Ordnung bringen. Die Corona-Krise ist auch ein Test auf die Handlungsfähigkeit der Demokratie. Wir dürfen uns nicht damit abfinden, dass ein absolutistisches Regime schneller und stärker aus der Pandemie herauskommt als die liberalen Gesellschaften des Westens. Demokratien werden auch daran gemessen, wie krisenfest sie sind. Gerade in Krisenzeiten müssen sie Sicherheit und soziale Teilhabe für alle gewährleisten.

Die Zukunft der liberalen Demokratie wird sich daran entscheiden, wie wir die großen Herausforderungen unserer Zeit meistern: Klimawandel, digitale Revolution, demografischer Wandel und globale Migration. Die Wette gilt, dass freiheitliche Demokratien auf Dauer auch innovativer und gerechter sind als autoritäre Systeme.

Friedrich Dieckmann

Schreckgespenst Provinzialismus: Gefragt sind Konzepte

Berliner Zeitung vom 27. Februar 2021

Ralf Fücks, lange Zeit Vorstand der grünen Heinrich-Böll-Stiftung und nun Geschäftsführer eines *Zentrums Liberale Moderne*, zeigt sich irritiert über die – durchaus verschiedenen – Beiträge von Antje Vollmer und Ludger Volmer in der *Berliner Zeitung* vom 30. Januar beziehungsweise 5. Februar 2021. Ich weiß nicht, ob Ralf Fücks ein Ideologe ist, aber ich bemerke, dass er im Umgang mit politischen Diagnosen, die seinem Weltbild nicht entsprechen, zu Methoden greift, wie sie für Ideologen charakteristisch sind; sie sind nicht dazu angetan, die Diskussion zu befördern.

Antje Vollmer, erklärt er, »klappert heftig mit dem Schreckgespenst des entfesselten Finanzkapitalismus, der unter der Flagge unbegrenzter Freiheit segele«. Das ist die Entstellung einer bedachten und ganz konkreten Äußerung; Vollmer konstatiert, dass gerade auch in den Staaten und Regionen, die sich der westlichen Welt hoffnungsvoll in die Arme geworfen hätten, Zweifel aufgekommen seien, »ob Privatisierung und Deregulierung des Wirtschaftslebens und unbegrenzte Allmacht des internationalen Finanzkapitals wirklich die Garanten des Wohlstands für alle wären«. Ralf Fücks hat solche Zweifel nicht. Er hält es für ein Gespenst, also fiktional, wenn Vollmer etwas später notiert: »Die Finanzkrise von 2008 hat ganze Volkswirtschaften ruiniert und den obszönen Reichtum weniger ins Unfassbare gesteigert. Die deregulierten Börsen haben sich umfassend von der Realwirtschaft und jeglicher politischer Kontrolle abgekoppelt.« Das ist gespenstisch, kein Zweifel, aber es bezeichnet die Realität – eine Realität, die von den in ihrer Wirksamkeit wesentlich eingeschränkten politischen Mächten des Westens gelegentlich kritisiert, aber einiger Ansätze ungeachtet keineswegs wirkungsvoll bekämpft wird.

Mit Fücks' Vorstellung, Vollmer folge einer Anti-Amerika-Obsession, steht es nicht besser. Gewiss blickt auch sie hoffnungsvoll auf die neue Präsidentschaft der USA, aber man muss sehr naiv oder sehr befangen sein, um die enormen Verwerfungen zu übersehen, mit denen ein Land zu kämpfen hat, dessen Probleme nicht zuletzt in eben dem Umstand wurzeln, der der alten Sowjetunion zum Verhängnis geworden ist: einer Überrüstung, die die Ressourcen des reichen Landes in einer Weise aufzehrt, die an dem wirtschaftlichen Niedergang ganzer Regionen einen unübersehbaren Anteil hat.

Wenn man sich Militärausgaben leistet, die 2019 die Summe der Etats der zehn Staaten mit den nächsthohen Militärausgaben (China, Indien, Russland, Saudi-Arabien, Frankreich, Deutschland, UK, Japan, Südkorea, Brasilien) überstiegen, dann muss man sich nicht wundern, wenn ein Land in einander erbarmungslos befehdende Lager zerfällt und ein Staatsstreich, der seine Verfassung aus den Angeln gehoben hätte, nur mit knapper Not abgewehrt wurde.

Wenn man sich daran erinnert, dass ein politisch so kommensurabler Präsident wie Bill Clinton am Ende seiner zweiten Amtszeit jenen Glass-Steagall Act aufhob, der der amerikanischen Bankwelt 1932/33 eine strikte Trennung zwischen Geschäfts- und Spekulationsbanken (Kreditgeschäften mit Privatkunden und Investmentbanking) auferlegt hatte und dergestalt die noch immer nicht überwundene Spekulationskrise von 2008 erst ermöglichte, dann wird man daran gemahnt, dass Hoffnungen auf die Biden-Administration nicht übermäßig sein sollten.

Antje Vollmer hat sich mit starken Worten zu den gesellschaftlichen Zielen und Werten bekannt, die die Europäische Union fundieren, sie hat sie der Reihe nach aufgezählt: gerechter Chancenausgleich, stabile Rechtsordnung, persönliche Freiheit, Friedenssicherung nach innen und außen, soziale Daseinsvorsorge, Zukunftsaussichten für die nächste Generation. Zugleich hat sie ihre Sorge bekannt, ob »der Westen« der damit verbundenen Selbstverpflichtung angesichts gegenläufiger Tendenzen noch gerecht werde. Darin, dass das in vieler Hinsicht nur noch begrenzt der Fall ist, hat sie das Einfallstor konträrer Konzepte und Ideologien gesehen.

Eine bestimmte Art von Demokraten macht es sich seit einer Weile allzu bequem, sie verweisen mit ausgestrecktem Zeigefinger auf die unleugbaren Verfehlungen anders strukturierter Mächte und auf deren da und dort bemerkliche Anziehungskraft für unliebsame Tendenzen im eigenen Land, aber sie wollen nicht begreifen, dass es die Fehler, Irrtümer und Verwerfungen der eigenen Welt sind, die einer solchen Entwicklung den Weg bereitet haben.

Es ist Selbstkritik gefordert als Voraussetzung für die Wiedergewinnung einer geistigen Überlegenheit, deren Attitüde hohl geworden ist. Eine Ideologie, die unter dem Namen des Neoliberalismus eine globale Marktdominanz etablierte, die in Deutschland bis zur Veräußerung lebenswichtiger kommunaler Güter wie Wasser, Wohnen und Elektrizität ging, hat sie kenntlich unterminiert. Antje Vollmer formuliert am Ende ihres Artikels sehr konkrete Reformanforderungen, und an keiner Stelle seiner Erwiderung gibt Ralf Fücks eine Antwort darauf. Er wischt Warnungen und Zweifel mit einer Geste weg, die die Veränderungsbedürftigkeit des Westens im Nebelhaft-Pauschalen belässt.

Zuvor aber legt er sich mit Ludger Volmer an, dem er Kulturrelativismus vorwirft und, schrecklicher noch, Ethnopluralismus. Was hat Volmer geschrieben? »Wir Europäer haben jedes Recht, unsere kulturelle Identität zu behaupten [...]. Wir dürfen uns wehren, falls eine östliche Großmacht uns missionieren wollte.« Aber: »Europa hat die Rolle, der Welt seine Leitkultur aufzudrängen, ausgespielt. [...] Wir müssen begreifen, dass es andere Formen des Menschseins gibt, auch andere Interpretationen der kodifizierten universellen Werte, die in einer multipolaren Welt Geltung beanspruchen. Wir brauchen sie alle für den Schutz des Klimas und der natürlichen Lebensgrundlagen. Wir müssen [...] umgehen lernen mit den Faktoren des Relativismus und der Ungleichzeitigkeit, damit es nicht zum ›Kampf der Kulturen‹ kommt. Was wir brauchen, ist Selbstbewusstsein mit Augenmaß und nicht weniger als eine politische Relativitätstheorie.«

Fücks benutzt die etwas hoch angesetzte Vokabel dazu, dem Autor die Übernahme der »Rhetorik aller autoritären Regime dieser Welt« zu unterstellen. Ein neues Fremdwort, das bei Volmer nicht vorkommt, dient ihm dazu, diese Nähe zu beglaubigen. Es heißt »Ethnopluralismus« und bestimmt sich nach Fücks dadurch, dass »an die Stelle der liberalen Weltordnung [...] die Koexistenz unterschiedlicher Kulturräume mit ihren eigenen Traditionen und Werten« tritt. Ganz offenbar soll die »liberale Weltordnung« diese Koexistenz untergraben – ein fabelhafter Vorsatz! Es ist das Konzept einer Militanz, von der man begreift, dass Friedens- und Verständigungspolitik dem Autor als »moralische Überhöhung einer ›Ohne uns‹-Mentalität« erscheint.

Besonders empfindlich ist Fücks gegenüber Ludger Volmers Hinweis darauf, dass es zweierlei Menschenrechte gebe, politische und soziale. Die Tatsache, dass China »es in den letzten Dekaden geschafft« habe, »bei einem Siebtel der Menschheit die Gefahr des Hungertodes zu bannen«, hatte Volmer dem Großreich bei all seinen Mängeln als humanen Fortschritt anrechnen wollen und geäußert, »Menschenleben sind noch wichtiger als Menschenrechte«. Das ist überspitzt formuliert, aber dass menschliche Existenz die unabdingbare Voraussetzung für die Einforderung von Rechten ist, lässt sich nicht gut bestreiten. Anstatt den Satz zurechtzurücken, steht Fücks kopf. Er unterstellt dem Autor, »soziale gegen politische Menschenrechte« auszuspielen, und versteigt sich zu dem Satz: »Was wiegt ein Menschenleben in einem Staat, der die Menschenrechte mit Füßen tritt?«

Zu den deutschen Krankheiten – Krankheiten einer offenbar immer noch verspäteten Nation – zählt ein eingewurzelter Provinzialismus. Er will die Welt neuerdings zivilreligiös missionieren und betrügt sich dabei über eine Kategorie, die Ernst Bloch 1935 gegen den weltrevolutionären Klassenkampf-Pauschalismus der Komintern ins Feld geführt hatte: die Kategorie der Ungleichzeitigkeit. Ludger Volmer bringt sie mit Recht ins Spiel, sie legt den Finger darauf, dass die Staaten und Regionen der Welt sich in ganz unterschiedlichen Entwicklungsstadien befinden und das Niveau dessen, was wir soziale Demokratie nennen, in weiten Teilen der Erde ein Ziel, aber keine Gegebenheit ist, was auch damit zusammenhängt, dass es zu ihrer Durchsetzung eines bestimmten Wohlstandsniveaus bedarf.

Solche Ungleichzeitigkeiten gering zu schätzen und im gleichen Atemzug das Gewicht nationaler Überlieferungen ebenso wie den Rückstoß historischer Kränkungen beiseitezuwischen, ist allemal ein Zeichen von außenpolitischem Provinzialismus. Er ist weniger harmlos, als das Wort zu erkennen gibt. Da er sich, mit gutem Willen gepanzert, ständig über die Welt betrügt, hält er Realismus für Charakterlosigkeit und befördert Gefahren, wie jede Selbstüberschätzung sie hervorruft.

China ist ein Land mit 1,4 Milliarden Einwohnern, es ist 20-mal so volkreich wie Deutschland. Russland für sein Teil ist mit 17,1 Millionen Quadratkilometern der flächengrößte Staat der Welt, fast so riesig wie China und die USA zusammen und 50-mal so groß wie Deutschland. Niemand kann von uns verlangen zu schweigen, wenn aus fernen Ländern Nachrichten eklatanten Unrechts zu uns dringen. Aber Politik zu treiben, ohne die besonderen Bedingungen fremder Länder als wirkende Faktoren allseitig ins Auge zu fassen, ist nichts weiter als Dilettantismus, es bietet Außenstehenden das Schauspiel der Großmannssucht und der Lächerlichkeit.

Der Berliner Schriftsteller F. C. Delius hat sich in seinem tagebuchartig konzipierten Roman »Wenn die Chinesen Rügen kaufen, dann denkt an mich« mit der Frage beschäftigt, wie groß die Gefahr sei, dass die Insel Rügen in den Besitz chinesischer Milliardäre gelange, und sich gefragt, ob das nun angenehmer oder unangenehmer wäre, als wenn sie von amerikanischen, russischen, indischen oder arabischen Milliardären in Besitz genommen würde.

In einer Zeit, wo mecklenburgische Äcker an der Wall Street gehandelt werden, ist die Frage keineswegs abstrakt. Einen Experten ließ der Autor sagen, »dass man sich in Europa ›fast alles kaufen kann‹«. Konziser kann man die Gefahr einer Weltordnung, die sich als Weltunordnung zu erkennen gibt, kaum umreißen. Sie bezeichnet die Fragwürdigkeit eines Gesamtsystems, an dem unter dem euphemistischen Namen der Globalisierung die Milliardäre aller Länder teilhaben. Dieses Gesamtsystem ist in die Phase der Labilität eingetreten, die Pandemie ist ihr Symptom und ihr Verstärker. Ideologische Denunziationen geben keinen Stabilitätsanker ab. Worauf es ankommt, sind neue Konzepte.

Michael Brie

Die Grundtorheit des Westens

Berliner Zeitung vom 4. März 2021

Der neue US-Präsident will einen »Gipfel der Demokratien« einberufen. Ziel ist es, den Westen wieder zu vereinigen – dieses Mal vor allem gegen China. Schon 2019 hat die Europäische Kommission China als »systemischen Rivalen« eingestuft. Damit wird aktiv daran gearbeitet, den liberalen antikommunistischen Grundkonsens als gemeinsame Religion des Westens wieder fest zu etablieren. Dieser Antikommunismus ist der Kern der von Antje Vollmer in dieser Zeitung so scharf kritisierten Hybris des Westens.

Beginnen wir mit dem Rückblick. Es war der Antikommunismus, der der deutschen Bourgeoisie als Legitimation diente, um sich in Hitlers Arme zu werfen. Es war der Antikommunismus, der genutzt wurde, um die spanische Republik dem Bündnis von Franco mit dem deutschen und italienischen Faschismus auszuliefern, während die »Demokratien« neutral dem Schlachten zusahen und Stalin sich gegen linke Kräfte in Spanien wandte und sie umbrachte. Und es war der Antikommunismus, der verhinderte, dass es vor dem sogenannten Hitler-Stalin-Pakt an jenem unseligen 23. August 1939 zu einem Bündnis Frankreichs und Großbritanniens mit der Sowjetunion kam, um eine deutsche Invasion in Polen zu verhindern.

Der Antikommunismus konnte die Errichtung einer bolschewistischen Diktatur und den roten Terror im Bürgerkrieg 1918 bis 1922 unter Führung von Lenin und Trotzki nicht verhindern. Er konnte auch nicht die sogenannte Kollektivierung und den Großen Terror des stalinistischen Regimes stoppen, denen viele Millionen Menschen zum Opfer gefallen sind, auch wenn der entfesselte Stalinismus dem Antikommunismus das Anschauungsmaterial lieferte und die europäische Linke völlig zu zerstören drohte. Durch die Gleichsetzung von Sozialismus mit Stalinismus wurde alle linke Politik dem Verdacht des Totalitarismus ausgesetzt.

Während der Antikommunismus die Verbrechen im Namen des Kommunismus nicht verhinderte, machte er die großen Verbrechen von Nationalsozialismus und Faschismus sowie den Zweiten Weltkrieg möglich, weil er den Westen am rechtzeitigen Widerstand gegen Hitler hinderte. In der Folge des Krieges wurde Hitlerdeutschland mit seiner Politik der Auslöschung des Judentums und des Kommunismus sowie der Versklavung der slawischen Völker besiegt, aber eine ganze Reihe von Staaten Ostmittel- und Südosteuropas gerieten für vierzig Jahre unter die Kontrolle der Sowjetunion.

Es war der Schriftsteller Thomas Mann, der schon im Februar 1933 ins Exil gegangen war, der in einer Rede in Washington im Oktober 1943 die Furcht vor dem Kommunismus als »Grundtorheit unserer Epoche« bezeichnete, eine Torheit, die weit ins 19. Jahrhundert zurückreiche. Er sprach nur eine Tatsache aus, als er konstatierte, dass »in den Augen des konservativen Kapitalismus des Westens [...] der Faschismus schlechthin das Bollwerk gegen den Bolschewismus und gegen alles, was man darunter verstand«, gewesen sei. Es sei die »Schreckensvokabel ›Kommunismus‹, mit der Hitler seine Eroberungen gemacht hat«.

Thomas Mann hatte nach dem Ersten Weltkrieg und vor allem seit 1933 begriffen, dass die Verteidigung der Freiheit nur möglich ist, wenn sie sich mit der Gleichheit, mit der sozialen Gerechtigkeit, mit all jenem verbündet, was im Kommunismus zukunftsfähig ist. Die Zukunft, so Thomas Mann, gehöre dem Kommunismus zumindest »insofern, als die Welt, die nach uns kommt, in der unsere Kinder und Enkel leben werden und die langsam ihre Umrisse zu enthüllen beginnt, schwerlich ohne kommunistische Züge vorzustellen ist: das heißt, ohne die Grundidee des gemeinsamen Besitz- und Genussrechtes an den Gütern der Erde, ohne fortschreitende Einebnung der Klassenunterschiede, ohne das Recht auf Arbeit und die Pflicht zur Arbeit für alle.« Freiheit und Gleichheit müssten »ein neues Gleichgewicht« finden. Seine Epochenerfahrung war, dass dann, wenn die Freiheit sich nicht mit der Gleichheit verbündet, sie den Feinden der Freiheit den Boden bereitet.

64

Dies ergänzt sich mit einer anderen – nicht weniger wichtigen – Epochenerfahrung. Sie geht aus dem Erbe des Bolschewismus und Stalinismus hervor: Auch die Gleichheit kann nicht ohne Freiheit zukunftsfähig sein, sonst mündet sie in Verbrechen und Stagnation. Die Sowjetunion erwies sich als eine historische Sackgasse, wie 1989/91 endgültig offenkundig wurde. Ein Sozialismus, der den Kapitalismus wirklich überwinden will, muss das Zukunftfähige des Kommunismus wie eben auch des Liberalismus bewahren und entwickeln.

1989/90 schlug der Westen die große Chance aus, ein gemeinsames Haus Europa (Gorbatschow) aufzubauen, rechtzeitig noch die ökologische Wende (der Club of Rome nannte es damals die anstehende Globale Revolution) zu initiieren und eine aktive Friedenspolitik einzuleiten. Im Namen des Antikommunismus wurde die »Westernisierung der Welt« betrieben. Es wurde sofort mit neuen Kriegen, systematischer Destabilisierung von Staaten, einer Politik der durchgehenden Vermarktlichung und globaler Konkurrenz an einem neuen »amerikanischen Jahrhundert« gearbeitet.

Die Bilanz ist entsetzlich. Ökologisch sind dreißig Jahre vertan worden. Sieben Billionen Dollar (!) Kosten der USA allein für die Kriege im Irak und Afghanistan. Es gibt mehr Flüchtlinge als jemals zuvor in den letzten siebzig Jahren. Die Fähigkeit zu globaler Kooperation ist, wie die Pandemie zeigt, fast bei null. Zugleich sind die USA und das, was sich als »freier Westen« geriert, mit einem globalen Herausforderer konfrontiert, wie es ihn in dieser Qualität im 20. Jahrhundert niemals gab – mit der Volksrepublik China.

Und wieder soll der Antikommunismus dazu herhalten, um einen neuen Kalten Krieg zu inszenieren. China wird als systemischer Rivale angesehen, dem der Zugang zu Technologie verwehrt und zu Märkten erschwert werden soll. Es geht um die militärische Eindämmung und Einkreisung. Man spricht China jede Achtung der Menschenrechte, jedes demokratische Mitwirken der Bevölkerung, jede Freiheit seiner Bürgerinnen und Bürger ab. Es sind aber genau diese Chinesinnen und Chinesen, die uns vor der Pandemie zu vielen Millionen als Touristen in Rom, Paris oder Berlin begegneten, um dann beschwingt wieder in ihren »Knast« verschwinden zu wollen; ein »Knast«, den westliche Touristen in China ihrerseits als Hort wachsenden Wohlstands und liberaler Lebensführung erleben. Der Erfolg Chinas bei der Bekämpfung der Armut ist historisch beispiellos.

Der Antikommunismus wird dazu benutzt, aus den Differenzen des »Westens« zum politischen, wirtschaftlichen und kulturellen Systems Chinas (und nicht weniger anderer Staaten) einen extremen Gegensatz zu konstruieren: Ein »Wir« gegen »Sie«. Ein Gegensatz von »Demokratie« vs. »Autokratie«, von »Freiheit« vs. »Unfreiheit«, von »Recht« gegen »Unrecht«. Begründeter Zweifel an im Westen veröffentlichten Zahlen über das Ausmaß an politischem Unrecht in China oder Russland erscheint als Mittäterschaft an Verbrechen. Die Freiheit, sich selbst eine Auffassung zu bilden, wird so unmöglich. Es wird im Namen des Antikommunismus in keineswegs mehr subtiler, sondern brutaler Weise ein fundamentalistischer Konformismus erzwungen nach dem Motto »Wer nicht für uns ist, ist gegen uns!«. Ein solcher Antikommunismus ist, wie Günter Gaus es nannte, selbst totalitär.

Man sollte auch über das Unaussprechliche nachdenken dürfen: Abraham Lincoln hatte Demokratie als Regierung des Volkes, durch das Volk und für das Volk bezeichnet. Vergleicht man die politischen Systeme der USA, Brasiliens, Indiens und der Volksrepublik China, so muss es doch möglich sein zu fragen, ob nicht auch das System, in dem eine einzelne Partei über Jahrzehnte die Führung hat, wichtige demokratische Eigenschaften hat, indem es für das Volk wirkt und es in »nichtwestlichen« Formen beteiligt. Und umgekehrt: Ob nicht auch Regierungen, die aus freien Wahlen hervorgehen, oligarchisch und autoritär sein und gegen das Volk agieren können.

Was aber noch schlimmer ist: Die eigentlichen Gefahren für die Menschheit und für das freie Leben der Menschen jetzt und in Zukunft liegen in der absehbaren Klimakatastrophe, in der fortgesetzten Staatenzerstörung, die viele Millionen Menschen in die Flucht treibt, in globaler und innerstaatlicher sozialer Spaltung, in der unkontrollierten Anhäufung von Finanzvermögen, deren Krise dann die globale Wirtschaft in den Untergang reißen kann wie Ende der 1920er Jahre, im Aufstieg faschistischer Regime. Sie liegen in sich aufbauender militärischer Konfrontation. Das Menetekel auf den Stufen des Kapitols, der »Zitadelle der Freiheit«, kann nicht vergessen werden.

Natürlich ist Kritik angebracht. Kritik an der Hartz-IV-Politik genauso wie am Justizsystem der USA, das Millionen Schwarze ins Gefängnis bringt, Kritik an der Einschränkung politischer Freiheiten in China oder der entfesselten Umweltzerstörung in Brasilien. Die Liste ist lang. Aber dies alles kann und darf kein Grund sein, daraus wieder einen fundamentalistisch aufgeladenen Kalten Krieg im Namen des Antikommunismus zu machen. Der Versuch allein, diesen Krieg auszulösen, ist verbrecherisch, und töricht ist es, wie Thomas Mann sagte, einem solchen Verbrechen blind hinterherzulaufen.

Ein anderer deutscher Dichter, Gotthold Ephraim Lessing, hat sich in seiner Tragödie »Nathan der Weise« auf die Ringparabel bezogen: Ein Vater gab jedem seiner drei Söhne einen Ring, der seinem Träger die Kraft geben sollte, Gott und den Mitmenschen angenehm zu sein. Aber nur einer der drei Ringe sollte diese Macht haben. Da keiner der Söhne wusste, welches der »wahre« Ring ist, gab es von jetzt an nur einen Weg, dies zu beweisen – durch das eigene vorbildliche Tun. Wenn schon Wettbewerb der Staaten, dann nicht im zerstörerischen Gegeneinander, sondern im Miteinander um den besten und schnellsten Beitrag zur Verhinderung der Klimakatastrophe und zum Stopp ökologischer Zerstörung, zur Beseitigung globaler Armut, zum Abbau militärischer Spannungen, zur Ausweitung der realen Möglichkeiten jedes Menschen und aller Völker auf ein selbstbestimmtes Leben in Sicherheit und Würde.

Gabi Zimmer

Die Unglaubwürdigkeit des Westens

Berliner Zeitung vom 19. März 2021

Nicht erst die Corona-Pandemie hat die Stimmung im Land verändert. Aggressivität, Egoismus, Entsolidarisierung breiten sich aus, Nazis, Rassisten und Antisemiten agieren immer dreister. Ich fühle mich an das Ende der DDR erinnert, als etwas anderes die Menschen zunehmend frustrierte: die Lobhudeleien, das Feiern der Erfolge beim Aufbau des Sozialismus. Die da oben und wir hier unten. Wie schnell löste sich die Überzeugung von der Sieghaftigkeit des Realsozialismus in nichts auf! Seitdem misstraue ich allen Erzählungen von der ewigen Überlegenheit und Siegesgewissheit der einen über die anderen. Das gilt auch für die liberale westliche Demokratie.

Die Blütenträume vom »Reich der Freiheit«, von denen Antje Vollmer in ihrem Artikel »Haben die liberalen Demokratien westlichen Zuschnitts noch eine Zukunft« sprach, waren nur von kurzer Dauer. Mir klingt es noch in den Ohren: »Lieber arbeitslos im Westen als arbeiten in der DDR.« Kurze Zeit später, als die Treuhand die Betriebe abwickelte, Tausende ihren Arbeitsplatz verloren, war davon nicht mehr die Rede. Nicht wenige der Kollegen und Kolleginnen aus der Produktion meines Betriebes, dem Hersteller von Schwalbe, S51 sowie Jagd- und Sportwaffen in Suhl, traf ich Jahre später in der Schlange vor der Lebensmittelausgabe der Tafel wieder.

Nein, es war nicht die Überforderung der Altbundesrepublik angesichts des überraschenden Mauerfalls. Es war der Rausch des Sieges des Westens über den Osten. Es war aber auch die tiefsitzende Ablehnung eines gesellschaftlichen Modells, das nicht der Logik des Kapitalismus frönte, sondern soziale Gleichheit und ein Leben in Frieden versprochen hatte. Es war blanker Antikommunismus gepaart mit der Überzeugung von der Überlegenheit der abendländischen Kultur über die des Ostens.

Das Erlebnis der Ungerechtigkeit, die Erfahrung, als Jammer-ossi zu gelten, statt Gehör zu finden, die Wunden der Missachtung, der Würdelosigkeit des Beitritts sitzen tief. Fatale antisoziale Reformprojekte wie Hartz IV und die dramatische Absenkung des Rentenniveaus durch die Schröder-Regierung haben viele Menschen mit Recht als Angriff auf ihre Lebensleistung begriffen. Gesellschaftliche Krisen wie das Chaos um die Geflüchteten 2015, als die ehrliche Willkommenskultur vieler durch mangelhafte staatliche Organisation mehrheitlich kippte, oder jetzt auch die Corona-Krise legen diese Wunden wieder frei.

Die liberale westliche Demokratie hat versagt, als sie mit Offenheit auf die Menschen mit ihren unterschiedlichen Erfahrungen und Biografien hätte reagieren müssen. Stattdessen warf sie ihnen vor, mit der neuen Demokratie nicht umgehen zu können. Aber gerade die wenigen erfolgreichen Volksbegehren in den neuen Bundesländern betrafen die Senkung der Quoren für Bürgerbeteiligungen.

Der Eindruck ist: Ihr hört uns nicht, wir glauben euch nicht.

Im Kampf gegen alte und neue Nazis, Hass auf Geflüchtete, Respektlosigkeit gegenüber Obdachlosen braucht es sehr, sehr viele Engagierte aus allen Teilen und Regionen der Gesellschaft. Wenn die Mehrheit diese Demokratie nicht mehr verteidigt, wird sie sich genauso wenig halten wie der reale Sozialismus.

Hier komme ich zum zweiten Punkt. In seiner Hybris, wie Antje Vollmer es nennt, hat der Westen, die liberale westliche Demokratie, es geschafft, die 1948 von der UNO proklamierten Menschenrechte zu einem politischen Instrumentenkasten verkommen zu lassen. Bei Bedarf wird er ausgepackt. Selbst dort, wo völlig berechtigt Verhaftungen, Verurteilungen oppositioneller Kräfte, von Journalisten, Wissenschaftlern, ethnischen Minderheiten, die Niederschlagung von Demonstrationen, die Nichtgewährung von Rechten jeglicher Art für Geflüchtete kritisiert werden muss, hinterlässt diese Instrumentalisierung oft einen schalen Geschmack.

Insbesondere weil die Kritik an der Verletzung der Menschenrechte nicht gleichermaßen gegenüber allen Regimes und Mächtigen dieser Erde geübt wird. Weil sie nicht konsequent die Verletzung sozialer und ökologischer Rechte wie ein Leben ohne Armut, Zugang zu Bildung, Gesundheitsversorgung, Wohnung, ausreichend sauberem Wasser und Energie einschließt.

Weil sie sich der politischen und wirtschaftlichen Interessenlage unterordnet. Russland gegenüber setzt die EU seit Jahren auf Sanktionen, diplomatische und politische Verhandlungen finden kaum noch statt.

Die Beziehungen liegen auf Eis. Der Türkei werden dagegen Waffen geliefert, die gegen Kurden im eigenen Land und in Syrien eingesetzt werden. An den EU-Grenzen harren Tausende von Geflüchteten unter unmenschlichen Bedingungen in Lagern aus. Frontex, die EU-Behörde, die den Schutz der EU-Außengrenzen koordinieren soll, verletzt offensichtlich Menschenrechte, indem sie Geflüchtete in ihren zumeist seeuntüchtigen Booten zurückdrängt.

Es bleibt der Eindruck, Menschenrechtsverletzungen werden vor allem kritisiert, um andere politische und wirtschaftliche Modelle als die, die der Westen unter Demokratie versteht, von Grund auf zu delegitimieren.

Dabei kenne ich diesen Konflikt selbst, zwischen notwendiger Solidarität, Hilfe und Unterstützung für jene, deren Leben und Zukunft bedroht sind, und der Frage zu unterscheiden, wie weit das Eingreifen von außen gehen darf. Als linke Europaabgeordnete habe ich ihn x-mal mit mir selbst, in der Linken, in meiner Fraktion und im Parlament austragen müssen.

Besonders zeigte sich das unmittelbar nach den vom Westen unterstützten Ereignissen auf dem Maidan, in Odessa und anderen Orten der Ukraine, auf die Russland mit der Sezession der Krim reagierte. Ersten Sanktionen der EU gegen russische Politiker, Militärs, Abgeordnete der Duma, Einschränkungen der wirtschaftlichen Zusammenarbeit folgte die russische Seite ihrerseits mit Sanktionen und Einreiseverboten gegenüber EU-Bürgerinnen und -Bürgern, darunter Europaabgeordneten. Gesprächskontakte wurden auf Eis gelegt. Absurdes und Gefährliches wechselten sich ab.

Mit Abgeordneten meiner Fraktion besuchte ich 2015 das russische Parlament. Just zum gleichen Zeitpunkt wurde der Präsident der Duma während seines Rückflugs von einer internationalen Konferenz in Genf entgegen allen Gepflogenheiten von Schweizer Militärmaschinen eskortiert. Uns entsetzte aber auch die am gleichen Tag öffentlich gewordene Forderung der KP Russlands nach Wiedereinführung der Todesstrafe. Am Abend dann eine intensive Debatte mit russischen Aktivistinnen und Aktivisten verschiedener Menschenrechtsinitiativen, die sehr widersprüchlich auf die Folgen der beschlossenen Sanktionen eingingen. Sie sorgten sich, dass die Entfremdung zwischen EU und Russland es ihnen erschwere, sich für die Stärkung der demokratischen Rechte in ihrem Land einzusetzen.

Zurückgekehrt fanden wir anfangs offene Ohren für unseren Vorschlag, beide Parlamente sollten sich gleichzeitig für die Aufhebung der Sanktionen gegen Abgeordnete aussprechen, Dialog wieder ermöglichen – als ersten Schritt, um die Spirale der Sanktionen zu durchbrechen. Allerdings war die Angst vor der heftigen Gegenwehr nationalistischer, antirussischer Kräfte im Europaparlament und auch im Rat zu hoch.

Die Beziehungen zwischen dem Westen und Russland hatten sich zuvor erneut verschlechtert. Russische Streitkräfte griffen zur Unterstützung syrischer Regierungstruppen in einen Krieg ein, in dem mehrere westliche Staaten wiederum aktiv die »Rebellen« im Kampf zum Sturz von Assad unterstützten. Die Strategie des »Regimechange«, die seitens der EU bereits vor dem Ausbruch des Krieges auch durch ihre Nachbarschaftspolitik und Sanktionen verfolgt worden war, hatte nicht die Verletzung der Menschenrechte in Syrien stoppen können. Sie hatte ihren Anteil an der Eskalation, an einem furchtbaren Bürger- und Stellvertreterkrieg, der Hunderttausenden Menschen das Leben kostete.

Schon in den Neunzigern hatte der NATO-Angriff auf Serbien Krieg auf europäischem Boden wieder möglich gemacht. Auslöser war ein von Separatisten entfachter Bürgerkrieg, bei dem die westliche Seite jene, die zuvor als Terroristen eingestuft waren, zu Freiheitskämpfen stilisierte. Die Osterweiterung der

NATO, die Änderung von Grenzen in Europa zeigten, wie fragil Frieden und Sicherheit sind. Die Instrumentalisierung der Menschenrechte für erhoffte Regimewechsel spitzt Konfrontationen zu. Die Proteste auf dem Maidan einerseits, die zunehmende Stärkung nationalistischer, faschistischer Kräfte in der Ukraine andererseits verdeutlichten die Widersprüche. Irritierend aber auch die einseitige Parteinahme des damaligen deutschen Außenministers und auch manch konservativer und grüner Spitzenleute. Schockierend die ernst gemeinte Forderung baltischer nationalistischer Europaabgeordneter, nun endlich Panzer über die russische Grenze in Bewegung zu setzen.

Es steht außer Frage: Im Umgang mit den Menschenrechten ist der Westen unglaubwürdig. Moralischer Rigorismus, antikommunistische Vorurteile, politische Instrumentalisierung bis hin zum »Regimechange«, aber auch unkritische Verteidigung autoritärer oder auch Menschen verachtender Machtstrukturen trüben den Blick. Wirksame Solidarität erfordert Empathie, den Blick für die individuelle Situation und die kollektiven Interessen von Menschen. Weg von Sanktionen, die bisher in keinem Fall produktiv waren. Stattdessen Nutzung aller diplomatischen Kanäle. Militärisch abrüsten, verhandeln, sich gegenseitig respektieren, ökonomische und wissenschaftliche Zusammenarbeit ausbauen, den kulturellen und den Jugendaustausch stärken, gemeinsam die globalen Probleme lösen wollen. Auf diese Weise kann die Durchsetzung von Menschenrechten am besten gefördert werden.

Ingo Schulze

Wie wir unsere Vergangenheit sehen, bestimmt unsere Zukunft

Berliner Zeitung vom 6. April 2021

Vor sieben Jahren, am 27. Januar 2014, dem Tag des Gedenkens an die Opfer des Nationalsozialismus, hielt der russische Schriftsteller Daniil Granin im Bundestag eine Rede. Siebzig Jahre zuvor, am 27. Januar 1944, war nach fast 900 Tagen der Belagerungsring der deutschen Wehrmacht um Leningrad von der Roten Armee durchbrochen worden. Die Blockade hatte mindestens 800.000, wahrscheinlich aber mehr als einer Million Menschen das Leben gekostet.

Parlamentspräsident Norbert Lammert zitierte in der Feierstunde des Bundestages eine Anweisung an die militärische Führung der Wehrmacht vor Ort. »Ein Interesse an der Erhaltung auch nur eines Teiles dieser großstädtischen Bevölkerung besteht in diesem Existenzkrieg unsererseits nicht.« Der Tod der drei Millionen Bewohner Leningrads war eingeplant, die »Großsiedlung« sollte nicht erobert, sondern als Wiege des sogenannten *jüdischen Bolschewismus* von der Landkarte getilgt werden.

»Am 27. Januar 1945«, so Lammert weiter, »wurde das Konzentrations- und Vernichtungslager Auschwitz-Birkenau durch die Rote Armee befreit – zufällig auf den Tag genau ein Jahr nach Ende der Leningrader Blockade. Kein Zufall ist dagegen der Zusammenhang zwischen Auschwitz und Leningrad, zwischen dem Völkermord an den europäischen Juden und dem mörderischen Raub- und Vernichtungsfeldzug im Osten Europas: Sie wurzelten in der menschenverachtenden nationalsozialistischen Rasseideologie.« Lammert sprach auch über den qualvollen Tod von drei Millionen sowjetischer Kriegsgefangener in Deutschland. Auch wenn die Namen der Großindustriellen und ihrer Konzerne, die Hitler zur Macht verholfen hatten, nicht erwähnt wurden, war ich beeindruckt von diesem Gedenken und eins mit meinem

Land, das zu einem differenzierten und selbstkritischen Blick auf seine Geschichte fähig war.

Der 95-jährige Granin, gebürtiger Leningrader und Verteidiger der Stadt, bestand darauf, seine Rede im Reichstag im Stehen zu halten, den ihm mehrmals angebotenen Stuhl lehnte er unwillig ab. Er spreche, so Granin, als ehemaliger Soldat. Er ersparte den Anwesenden, darunter auch die Bundeskanzlerin und der Bundespräsident, nichts. Vor allem aber ersparte er sich selbst nichts, als er die grausamen und kaum vorstellbaren Bedingungen des Sterbens und Überlebens schilderte.

Am Tag zuvor hatte ich Daniil Granin durch die Akademie am Pariser Platz führen können, die – er war das älteste Mitglied unserer Literatur-Sektion – auch sein Haus war. Wir hatten eine Lesung aus seinem jüngsten Buch vereinbart, dem ersten, das nach 25 Jahren wieder auf Deutsch erscheinen sollte. Nach seiner Rede war Granin dem früheren Bundeskanzler Helmut Schmidt begegnet, der als Oberleutnant der Wehrmacht eine Zeitlang zu den Belagerern Leningrads gehört hatte. Ihr Gespräch muss beiden so wichtig gewesen sein, dass Granin seinen ehemaligen Feind einlud, sein Buch gemeinsam vorzustellen. In dem Erinnerungsband »Kindheit und Jugend unter Hitler« erwähnt Helmut Schmidt seinen Einsatz vor Leningrad – er hatte von sich aus um Versetzung zur kämpfenden Truppe ersucht –, geht aber mit keinem Wort auf das ein, was laut UNO-Definition ein Völkermord war. Wollte Schmidt die späte Gelegenheit nutzen, um mehr darüber zu sagen? Die Veranstaltung war bereits angekündigt (und sofort ausverkauft), als Daniil Granin wegen eines gebrochenen Beins absagen musste. Seine Erholung dauerte länger als erwartet. Es kam zu keinem erneuten Besuch. Helmut Schmidt starb im November 2015, Daniil Granin zwei Jahre später.

Als sich im Januar dieses Jahres die Befreiung von Auschwitz durch die Rote Armee zum 76. Mal jährte, gab es keine deutsche Nachrichtensendung, die dieses Ereignis nicht gewürdigt hätte. Allerdings blieben diejenigen, die Ausschwitz befreit hatten, oft unerwähnt, wie zum Beispiel in der Tagesschau. Mir fiel das auf und es fiel mir auch auf, dass es mir auffiel.

Frank Witzel erwähnt in einem Artikel eine Umfrage aus dem Jahr 2015. Auf die Frage, wer den größten Anteil an der Niederschlagung des Nationalsozialismus gehabt habe, antworteten in Deutschland 37 Prozent die USA, 27 Prozent die Sowjetunion (es folgen mit 7 Prozent Großbritannien, 4 Prozent »andere«, 25 Prozent »weiß nicht«). In Frankreich nennen 47 Prozent die USA und nur 15 Prozent die Sowjetunion. Dort allerdings gibt es einen Vergleichswert: Im Mai 1945 fanden 57 Prozent der Franzosen, die Sowjetunion habe die Hauptlast getragen, 20 Prozent die USA. Wie kommt es zu solch einem Meinungsumschwung? Ist es der Kalte Krieg und sein Erbe? Die Sowjetunion hatte schätzungsweise 27 Millionen Opfer zu beklagen, mehr als die Hälfte davon Zivilisten.

Die Rote Armee kam über verbrannte Erde als Befreierin vom Nationalsozialismus. Dass viele ihrer Soldaten Rachegefühle hegten, ist kaum verwunderlich. Die Freiheit bringen konnten sie nicht, da sie selbst Stalin im Nacken hatten. Um diese Ambivalenz wussten die meisten Soldaten und Offiziere der Roten Armee aus eigener Erfahrung, für Daniil Granin wurde dieser Konflikt immer wieder zu einem Thema seiner Bücher.

Welche Wendung die Stimmung im Westen genommen hat, lässt sich an der »Entschließung des Europäischen Parlaments vom 19. September 2019 zur Bedeutung des europäischen Geschichtsbewusstseins für die Zukunft Europas« ablesen. Darin kommt es zu einer Gleichsetzung von Kommunismus und Nationalsozialismus vor allem unter Berufung auf den Hitler-Stalin-Pakt, durch den die beiden »gleichermaßen das Ziel der Welteroberung verfolgenden totalitären Regime Europa in zwei Einflussbereiche aufteilten«. Warum das EU-Parlament grundsätzliche historische Zusammenhänge ignoriert, wie beispielsweise die Expansion von Hitler-Deutschland vor dem Zweiten Weltkrieg oder das vergebliche Bemühen der Sowjetunion, vor dem Bündnis mit Deutschland ein Abkommen mit Frankreich und Großbritannien zu schließen, bleibt ein Rätsel. Dass es dabei auch keine Differenzierung zwischen Stalinismus und Kommunismus und Sozialismus gibt, ist eine weitere Voraussetzung, um einer derartigen Geschichtsfälschung Bedeutung für unsere Gegenwart zu verleihen.

Da der Entschließung des EU-Parlaments bis auf die Linken alle zustimmten, kommt das für Deutschland einem Rückfall hinter die Positionen des »Historikerstreits« von 1986/87 gleich, in dessen Nachwirkung es eben keine Gleichsetzung mehr von Kommunismus und Nationalsozialismus gab. 1986 hatte der Historiker Michael Stürmer, der Helmut Kohl beriet und von Jürgen Habermas kritisiert worden war, festgestellt, dass »die Zukunft gewinnt, wer die Erinnerung füllt, die Begriffe prägt und die Vergangenheit deutet«. In diesem Punkt muss man Stürmer recht geben. Wer sich im Kampf um die Deutungshoheit der Vergangenheit durchsetzt, stellt zugleich die Weichen für die Zukunft. Deshalb ist die EU-Erklärung so wichtig, der in der deutschen Öffentlichkeit wenig Beachtung geschenkt wurde. Ohne auf die weiteren Defizite der EU-Erklärung einzugehen (beispielsweise wird die Geschichte des europäischen Kolonialismus und Neokolonialismus vollkommen ausgeblendet), sind die Folgen für die Außenpolitik sehr deutlich. Michael Brie hat in dieser Debatte (Berliner Zeitung vom 4. März 21) die fragwürdigen und gefährlichen Frontstellungen eines »Wir« gegen die »Anderen« kritisch beschrieben.

Die Entgegensetzung von Demokraten und Autokraten verdeckt aber auch die Polarisierungen und Kämpfe innerhalb der Staaten. Welche Folgen hat die Gleichsetzung von Nationalsozialismus und Kommunismus für die deutsche Innenpolitik?

Das Problem sind dabei weniger die Radikalen am rechten Rand, die, so besagt die bisherige historische Erfahrung, für sich allein keine Mehrheit finden werden. Das Problem ist der Schulterschluss mit denjenigen, die sich selbst als bürgerlich oder konservativ oder als die »Mitte« bezeichnen.

Der »kommunistische« Feind bestand in Form des Ostblocks und damit auch der DDR fort. Nach deren unblutigem Ende ist es die Sichtweise auf die DDR, die Deutungshoheit über die Geschichte dieses Staates, die seit dreißig Jahren die deutsche Politik beeinflusst und das heute nicht weniger als damals. Durch die Corona-Pandemie gerieten viele politische Konflikte fast in Vergessenheit. So sind auch die Wahlen im Thüringer Landtag Anfang letzten Jahres im Gedächtnis verblasst, die wie auf einer gut ausgeleuchteten Bühne vorgeführt haben, wie die Vergangenheit über die Gegenwart entscheidet. Mit der Bundestagswahl im September muss auch in Thüringen erneut gewählt werden. Die Umfragewerte der Thüringer Höcke-AfD (mit ihrem Spiritus Rector Götz Kubitschek im Hintergrund) sind weiterhin erschreckend hoch, aber sie werden keine Mehrheit erlangen – es sei denn, man beschafft sie ihnen. Zur Erinnerung: Wolfgang Kubicki, Vizepräsident des Bundestages, frohlockte schon vor der Wahl seines FDP-Parteifreundes Thomas Kemmerich zum Thüringer Ministerpräsidenten über den bevorstehenden Wahlsieg. Auf die Idee, dieses Manöver zu unterbinden, kam er offenbar nicht. Es galt vor allem, einen »Linken« zu verhindern. Als dann tatsächlich Thomas Kemmerich mit den Stimmen von FDP, CDU und AfD gewählt worden war, sah Kubicki darin einen »großartige[n] Erfolg für Thomas Kemmerich. Ein Kandidat der demokratischen Mitte hat gesiegt«.

Wenn Wolfgang Kubicki auch nur einen Gedanken daran verschwendet hätte, sich die Amtszeit seines Parteifreundes vorzustellen, dann wäre er zu dem Schluss gekommen, dass jeder Beschluss des Landtages die Zustimmung der AfD nötig gehabt hätte. Was die Sache so schlimm macht: Kubicki ist ein intelligenter und eloquenter Politiker, der bis dahin dafür bekannt war, die AfD publikumswirksam zu kritisieren, ja vorzuführen (seine Rede im Bundestag am 23.2.2018 hat knapp 3 Millionen Aufrufe). Wenn schon einer wie Kubicki bereit ist, die Fronten zu wechseln, wer aus »der Mitte« ist es dann nicht?

Deutlicher können die Bruchstellen der Demokratie nicht zu Tage treten. Gescheitert ist diese Farce am Einspruch der CDU-Spitze. Doch wer gehofft hatte, dem Einspruch würde die notwendige Korrektur der Parteidoktrin folgen, die überhaupt erst zu dieser Misere geführt hat, wurde enttäuscht. Die Gleichsetzung von AfD und Linke durch die CDU und FDP könnte sich nicht nur in den östlichen Bundesländern, aber vor allem dort als verhängnisvoll erweisen. Diese Entscheidung wurzelt in einem Antikommunismus, der weder differenziert noch auf seine heutige Berechtigung befragt wird. Es ist nicht nur eine Verfälschung der Geschichte, sondern auch das Einfallstor für die Rechtsextremen in die Regierungen.

Vielleicht braucht es noch keinen neuen »Historikerstreit«, dafür aber Gespräche über den Abbau von Feindbildern, wie sie Daniil Granin und Helmut Schmidt führen wollten.

Peter Brandt

Als Juniorpartner der USA hat die Europäische Union keine Zukunft

Berliner Zeitung vom 19. April 2021

Es ist offenkundig, dass die europäischen Länder, die sich von Portugal bis Estland und Polen, von Schweden bis Malta und Griechenland in der EU zusammengeschlossen haben, sich nur im Verbund miteinander in der Welt des 21. Jahrhunderts behaupten können. Die nächsten Jahrzehnte sind global durch die Koexistenz von Staaten und Staatengruppen mit sehr unterschiedlichen politischen und gesellschaftlichen Ordnungen geprägt. Die kommende Supermacht neben den USA wird China sein, doch auch Russland wird wegen seines Atomwaffenarsenals, als Energielieferant und aufgrund schlichter Größe weiterhin eine bedeutende Rolle spielen, in anderer Weise Japan und perspektivisch zumindest Indien und Brasilien. Ferner sind eine ganze Reihe früherer Entwicklungsländer, vor allem in Ostasien, zu Schwellenländern und teilweise modernen Industriestaaten avanciert.

Aus den kaum noch bestrittenen existenziellen Krisen der Menschheit ergibt sich gebieterisch die Notwendigkeit, bei den globalen Problemen von Friedenssicherung bis Bekämpfung der Armut und ebenso gravierend auf dem breiten Feld der Ökologie, trotz aller Interessen- und Auffassungsunterschiede und obwohl die Beteiligten zugleich in Konkurrenz zueinander stehen, international eng zusammenzuarbeiten. Die Europäische Union und ihre Mitgliedsstaaten sind auf beides nur unzureichend vorbereitet. Weder gibt es ein klares gemeinsames Verständnis für diese Situation, noch existieren die Institutionen, um europäisch gemeinsame Ziele zusammen auch wirksam durchzusetzen.

Dabei hat die Europäische Union wichtige Voraussetzungen, um beispielhaft zu wirken. Sie verkörpert die Tradition der engen Verbindung von Menschenrechten, Demokratie und Sozialstaat. Die EU hat zum Frieden zwischen den Mitgliedsstaaten entscheidend beigetragen und relativ früh die ökologische Frage auf die Tagesordnung gesetzt. Und doch sind die Errungenschaften gefährdet oder erweisen sich als wirkungsschwach.

Was oft als Schwäche der EU erscheint, der Zwang, immer Kompromisse aushandeln zu müssen, ist im Kern – Verbesserungen sind nötig und möglich – die Kehrseite der Zukunftstauglichkeit des europäischen Modells: der mühsam erworbenen Fähigkeit zur friedlichen Lösung von Konflikten, zum Ausgleich unterschiedlicher Interessen. Nirgendwo auf der Welt findet sich ein dermaßen weit entwickeltes übernationales Regelungsvermögen, gegründet auf gemeinsam fixiertem Recht, das seinerseits auf der spezifischen Geschichte Europas, namentlich seiner Rechtskultur, beruht.

Weder ist die Auflösung der Nationalstaaten der EU in bloße Regionen (als ob diese »natürlicher« wären als die tradierten Nationen) noch die Überführung dieser Staaten in einen klassischen Bundesstaat realistisch, sofern überhaupt wünschenswert. Die Verbindung von starken Nationalstaaten und einer starken EU kann zum Vorteil werden. In Europa entsteht ein historisch neuartiger Verbund, der mit den alten Kategorien Bundesstaat versus Staatenbund nicht zu erfassen ist.

Bei aller Kritik an den Schwächen und Webfehlern der EU sollte Folgendes nicht übersehen werden: Seit rund 70 Jahren haben wir es mit einem ganz neuartigen Ansatz zu tun, bei dem unabhängige Staaten in relativer Gleichberechtigung darangehen, eine übergeordnete institutionelle Ordnung zu schaffen, der sie Teile ihrer wesentlichen Kompetenzbereiche überlassen beziehungsweise bewusst abtreten. Obwohl hauptsächlich ein Projekt von Eliten, haben die Völker Europas die Einigung in der Grundtendenz mitgetragen. Gewiss geschahen die ersten Schritte dieses Prozesses unter dem Eindruck des gerade überstandenen Zweiten Weltkriegs und beeinflusst vom Kalten Krieg, doch zwingend war der Weg von der Montanunion über die Europäische Wirtschaftsgemeinschaft zur EU heutigen Zuschnitts nicht.

Schon die Römischen Verträge von 1957, die in der Nachfolge der Europäischen Gemeinschaft für Kohle und Stahl von 1951 die

Europäische Wirtschaftsgemeinschaft, territorial das kontinentale Kerneuropa der Sechs, begründeten, hatten eine wirtschaftsliberale Schlagseite, aber es gab bis in die 1980er Jahre doch immer wieder Bestrebungen der EU-Kommission, den »Rheinischen Kapitalismus« der Nachkriegsjahrzehnte zu einem eigenständigen Modell der gelenkten und gezähmten Marktwirtschaft auf (west-)europäischer Ebene auszugestalten.

Die heftigsten Gegner einer solchen Weiterentwicklung saßen in Großbritannien und dort vorwiegend, aber nicht nur in den von 1979 bis 1996 durchgehend konservativen Regierungen. Weil wichtige Teile der britischen Eliten weiterhin vorrangig auf das Commonwealth, das frühere Empire, und auf eine *special relationship* zu den USA orientiert sind und das Vereinigte Königreich deshalb stets mit einem Bein außerhalb der europäischen Gemeinschaft blieb und zu bleiben beanspruchte, müsste der Brexit kein Nachteil für die Zukunft des Vereinten Europa sein.

Die hauptsächlichen Fehlsteuerungen, die zur heutigen Situation führten, geschahen 1990 und in den Jahren danach. Die rasche Erweiterung der EU nach Osten und Südosten auf heute 27 Staaten mit einem sehr ungleichen Entwicklungsniveau und teilweise prekärer geopolitischer Lage ging nicht mit den dafür notwendigen Reformen einher.

Erstens darf nicht übersehen werden, dass die EU ursprünglich auch Teil der Blockbildungsstrategie im Kalten Krieg und des engen Bündnisses mit der westlichen Hegemonialmacht USA gewesen war. Nach dem Zusammenbruch der Sowjetunion hätten die sicherheitspolitischen Interessen der europäischen Staaten grundlegend überdacht werden müssen. Die Unterordnung unter die USA war obsolet geworden. Die sicherheitspolitischen Interessen der EU und der USA haben sich auseinanderentwickelt, ohne völlig auseinanderzufallen. Die Formel von der »westlichen Wertegemeinschaft« verweist auf gemeinsame geistige und Verfassungs-Traditionen, verschleiert jedoch zugleich die Differenzen, bestehend nicht nur auf der Ebene unterschiedlicher wirtschaftlicher und geopolitischer Interessen, sondern auch im

Hinblick auf ein abweichendes Menschenrechts- und Demokratieverständnis.

Die EU ist den Kriegen der USA in der näheren Nachbarschaft Europas (Irak, Afghanistan) und der Konfrontation mit dem Iran weitgehend gefolgt und hat keine eigene Sicherheitspolitik an der Südküste des Mittelmeers umgesetzt. Sie hat nicht gemäß eigenem Interesse ihre geografischen Grenzen definiert und keine Antwort auf den Aufstieg der Türkei als regionale Militärmacht gefunden sowie überhaupt kein Sicherheitskonzept mit Russland, der Ukraine und anderen Nachfolgestaaten der Sowjetunion, soweit sie nicht Teil von EU und NATO geworden sind oder werden möchten, entwickelt.

Die Kraft, ganz neue Wege zu gehen, altes Denken zu überwinden und die damit verbundenen gesellschaftlichen Kräfte, in erster Linie die des großen, global operierenden Kapitals, zurückzudrängen, wird Europa nicht als Juniorpartner in einer »Atlantischen Partnerschaft« mit den USA aufbringen. Es ist unübersehbar, dass die USA mehr als jeder andere Staat den gegenwärtigen Zustand bewirken und von seiner Fortdauer profitieren.

Zweitens: Die Art der Ausweitung der Europäischen Union nach 1990 und die Einführung des Euro ohne gemeinsame Wirtschafts- und Finanzpolitik haben dazu beigetragen, dass die Integration vor allem durch Stärkung des wirtschaftlichen Wettbewerbs, durch Öffnung der Märkte und Privatisierung, durch Standortkonkurrenz erfolgte. Es war negative Integration durch Beseitigung von Barrieren für Unternehmen und Kapital, auch für Arbeitskräfte.

Die Mehrheit der Europäer vermisst seit geraumer Zeit nun aber offenbar, dass die EU dort die Schutzfunktion gegenüber den globalen Akteuren der internationalen Kapitalgruppen und den Märkten übernimmt, wo die Nationalstaaten dazu nicht mehr imstande sind. Die positive Integration durch eine starke Regionalpolitik, durch Ausbau übergreifender sozialstaatlicher und ökologischer Instrumente blieb aus.

Auch heute umfasst der Haushalt der EU nur gut ein Prozent des Bruttosozialprodukts. In der Finanzkrise von 2009 und jetzt in der Pandemie zeigen sich die Grenzen. Die Schutzkraft der EU ist viel zu schwach. Auch die Umsetzung der Klimaziele ist so unrealistisch. Die Folge ist, dass die Zentrifugalkräfte wachsen, wie nicht nur der Austritt Großbritannien zeigte. Der Umgang mit Griechenland war eine Schande. Der vielfach durch Abschreckung geprägte Umgang mit Flüchtlingen aus den Krisenregionen und Bürgerkriegsländern ist uneinheitlich und konzeptionslos.

Die Europäische Union muss sich nicht neu erfinden und wird sich wohl auch nicht neu gründen lassen. Aber sie muss Wege finden, sich positiv weiterzuentwickeln. Der erste Schritt dafür wäre, dass die EU ihre Mündigkeit nicht nur erklärt, sondern auch realisiert. Als Juniorpartner der USA hat sie keine Zukunft.

Dies bedeutet auch, dass sie sich jeder Blockbildung gegen Russland und China verweigern muss. In einer Reihe von Bereichen hat die EU mehr gemeinsame Interessen mit den USA als mit anderen Staaten. Aber es gibt auch Bereiche, wo die Interessen mit China, Russland und mittelasiatischen Ländern größer sind. Dies gilt vor allem in den Bereichen von Sicherheit auf dem eurasischen Kontinent und Entwicklung eines gemeinsamen Wirtschaftsraums. Dabei ist der Blick auch darauf zu richten, dass Nordafrika und der Nahe Osten das »nahe Ausland« der EU bilden.

Ferner muss die EU die positive Integration im Rahmen der EU und mit dem »nahen Ausland« im Süden und Osten vorantreiben. Dazu gehören unter anderem eigene Infrastrukturprojekte wie die Kooperation mit Projekten der Neuen Seidenstraße Chinas und anderer Akteure. Die EU oder zumindest jene Mitgliedstaaten, die dafür im Rahmen der verstärkten Zusammenarbeit gewonnen werden können, sollten die Entwicklung eigener Finanzierungsquellen für integrative Projekte schaffen. Der Volksmund weiß es: Ohne Moos nichts los, sprich: Ohne eigene Finanzquellen ist die EU nicht fähig, sich als eigener Akteur in Stellung zu bringen und positiv zu behaupten.

Es geht angesichts der existenziellen globalen Gefahren für die Menschheit nicht darum, Europa als eine Insel der Seligen zu imaginieren, die sich vom Unheil im Rest der Welt abkoppelt. Europa könnte und müsste aber – etwas pathetisch formuliert, wäre das seine welthistorische Mission – ein Beispiel setzen für einen konstruktiven Umgang mit Konflikten, für gemeinsame Sicherheit und eine immer engere Kooperation sowie unterschiedliche Formen und Dichtegrade von Integration.

Es gibt dafür neben der EU Institutionen wie die OSZE, den Europarat sowie die Eurasische Wirtschaftsunion. Würde ihr Zusammenwirken ausgebaut, dann würde dies auch partizipatorische und sozialemanzipatorische Tendenzen im Innern der Staaten, auch im östlichen Europa einschließlich Russlands, ermutigen und stärken. Sie würden nicht mehr so leicht einem äußeren Gegner zugerechnet werden können. Ganz offenkundig wären die ökonomischen Vorteile eines solchen institutionalisierten paneuropäischen Zusammenwirkens »von Lissabon bis Wladiwostok«, handelt es sich bei der EU und Russland doch um geradezu komplementäre Wirtschaftszonen.

Zum eurasischen Großkontinent gehören aber auch China und Japan sowie andere Staaten Ost-, Süd- und Südostasiens. Wo ist die Straße der Kooperation, die von West nach Ost führt, wenn China gerade eine Seidenstraße in umgekehrter Richtung entwickelt? Zweifellos ist Letztere auf chinesische Vorteile ausgerichtet, aber das heißt nicht automatisch, dass andere davon nicht profitieren oder profitieren könnten.

Die EU sollte anstelle drohender Blockbildung und eines neuen Kalten Krieges – dieses Mal mit China – erkennen, dass ihre eigene Doppelstruktur als Zusammenschluss von Nationalstaaten und als supranationale Union mit einer globalen Perspektive des kooperativen Multilateralismus harmoniert. In einem solchen Konzert unterschiedlicher Weltregionen kann die EU ihre eigenen Potenziale am ehesten entfalten. Sie muss sich nur ihre spezifischen Werte, Interessen und Eigenarten vor Augen führen und den Willen entwickeln, diese nach innen politisch progressiv weiterzugestalten wie nach außen selbstbewusst zur Geltung zu bringen.

Helmut Schäfer

Bitte keinen Kalten Krieg mehr!

Berliner Zeitung vom 4. Mai 2021

Berlin – Außenpolitik steht im zweiten Jahr der Pandemie und vor Bundestagswahlen im Hintergrund des öffentlichen Interesses, spielt deshalb in den Wahlprogrammen der politischen Parteien kaum eine Rolle, sieht man ab von den üblichen Bekenntnissen zu EU und NATO als ihrer Grundlage. Außenpolitik wird mehr und mehr entweder auf das Thema Sicherheitspolitik verengt oder auf Menschenrechtspolitik reduziert.

Diese ist allerdings von erstaunlicher Einseitigkeit gekennzeichnet, besteht sie doch vor allem in Mahnungen, Drohungen oder Sanktionen gegen nicht dem Westen zugeneigte Staaten. Man vergleiche die westlichen Strafmaßnahmen im Fall Nawalny mit den ausbleibenden Reaktionen auf den Mordfall Kashoggi, die grausame Behandlung von Julian Assange oder auf die ferngesteuerten, treffsicheren Drohnen bei der Ermordung des iranischen Generals Soleimani und iranischer Wissenschaftler. Dazu zählt auch das plötzlich heftige Engagement für die fernen Uiguren im Vergleich zu der Gleichgültigkeit gegenüber dem Schicksal der Palästinenser.

Die Verantwortlichen für den bis heute folgenschweren Irakkrieg, dessen Begründung auf Lügen basierte und dem die Terrormiliz IS ihren verheerenden Aufstieg verdankt, wurden nie zur Rechenschaft gezogen. Nach deren Eindringen tief nach Syrien bis hin zur Zerstörung von Palmyra, einer der großartigsten Stätten der Weltkulturen, mussten sie in erbitterten Kämpfen mit schweren Kollateralschäden von den Syrern und Russen verjagt werden. Nur im Nordosten des Landes und im Norden des Irak schalteten sich sehr spät die Amerikaner mit den gleichen militärischen Mitteln ein. Deshalb: Wer Aleppo sagt, darf Mossul nicht verschweigen.

Sicherheitspolitik dagegen steht heute ganz im Zeichen der militärischen Stärkung der NATO. Die deutsche Verteidigungsministerin Annegret Kramp-Karrenbauer begründet dies als wichtigste Maßnahme im Hinblick auf unsere angebliche Bedrohung durch Russland, das, wie sie sagt, an den Grenzen zur NATO massiv aufrüste. Ihr scheint nicht bewusst zu sein, dass Russland, von seiner geografischen Ausdehnung das größte Land der Erde, im Osten an die neue Weltmacht China, im Westen an ein militärisches Bündnis von 30 NATO-Staaten unter Führung der USA grenzt, das dort seine jährlichen Manöver abhält.

Sie übersieht auch, dass Russland seine Sicherheit nach der Kündigung des Warschauer Paktes ohne jedweden Bündnispartner verteidigen muss, seine Militärausgaben allein von denen der USA plus NATO um ein Vielfaches übertroffen wird. Sie sollte besser auf ihren Parteifreund Horst Teltschik, Kohls Chefberater bei den jahrelangen Verhandlungen mit der Sowjetunion bis hin zur deutschen Einheit, hören. Als einer der bis heute intimsten Kenner russischer Mentalität und Politik warnt er davor, außer Acht zu lassen, dass die Russen genauso wie alle anderen Staaten ein Recht auf Sicherheit beanspruchen, ja, »Sicherheit zentrale Kategorie russischer Außenpolitik ist und war«.

Das spielte auch eine maßgebliche und verhängnisvolle Rolle bei dem Versuch, die Ukraine mit ihrer mehr als 2000 Kilometer langen Grenze und ihren historischen und wirtschaftlich engen Beziehungen zu Russland einer westlichen Einflusszone zuzuführen mit der Option, später der NATO beizutreten. Man denke anbei auch an die Krim mit Russlands einzigem Schwarzmeerhafen Sewastopol. Wäre das gelungen, so sah man das in Moskau, dann wäre Russland, von Finnland abgesehen, vollkommen eingekreist. Eine rote Linie war überschritten. Stattdessen hat die EU ihre große Chance verspielt, gemeinsam mit Russland dem maroden Staat aus seiner Misere zu helfen.

Nach dem Ende der Sowjetunion und der Auflösung des Warschauer Paktes wurde ich bei Vorträgen in den USA immer wieder darauf angesprochen, wieso nach dem Ende der Sowjetunion und damit des Kalten Krieges das teure westliche Militärbündnis weiter bestehen bleiben müsse. Ich verwies darauf, dass seine Mitgliedstaaten es in eine »Wertegemeinschaft« umgestalten wollten, ins Amerikanische übersetzt »a community of values«. Mir war klar, dass Amerikaner nichts mit abstrakten Phrasen anfangen können, und tatsächlich erntete ich ungläubiges Gelächter. Inzwischen ist sie um ein Vielfaches auf 30 Staaten angehoben worden, allerdings wieder zum Militärbündnis zurückverwandelt.

Bis heute hält sich in den USA angesichts ganz anderer, enormer innenpolitischer Probleme die Begeisterung darüber im Gegensatz zu hiesigen NATO-Dogmatikern in Grenzen. Inzwischen mehren sich die Stimmen früherer Unterstützer der NATO-Erweiterung nach Osten wie die des Historikers und Welt-Kolumnisten Michael Stürmer, der feststellt, dass sie nicht zu der »erwarteten Stabilisierung der Weltordnung« geführt habe. »Die Lage ist heute unklarer und fragiler als zu Zeiten des Kalten Krieges, in dem wir uns bereits befinden«, so Stürmer.

Donald Trump selbst hat die NATO in Zweifel gezogen, nach dem Prinzip: Wenn ihr sie weiter zu eurem Schutz vor Russland wollt, dann bitte kräftig nachzahlen! Zum Erstaunen des französischen Präsidenten bleibt Annegret Kramp-Karrenbauer bei ihrer Meinung, nur mit den USA sei die Sicherheit Europas langfristig zu garantieren. Von einer Initiative, mittelfristig ein gemeinsames europäisches Verteidigungsmodell auf den Weg zu bringen, ist nichts zu hören.

Andererseits sah man hier tatenlos zu, wie Trump über die Köpfe seiner willfährigen NATO-Alliierten hinweg die in jahrelangen schwierigen Verhandlungen mit der Sowjetunion erreichten Verträge, dazu den Atomvertrag mit dem Iran einseitig kündigte und eine neue gigantische Steigerung des US-Militärhaushaltes betrieb sowie eine militärische Aufrüstung des Weltraums plante.

Wo bleibt die Forderung der deutschen Politik nach der dringenden Wiederaufnahme von Abrüstungsverhandlungen mit Russland als Voraussetzung weiterer Zugeständnisse zur NATO-Aufrüstung? Man darf die Frage stellen, ob unseren heutigen, in ihren Parteien kaum einflussreichen Außenpolitikern Begriffe wie Rüstungskontrolle und Abrüstung völlig abhandengekommen sind, vielleicht aus zunehmender historischer Unkenntnis, jedenfalls aber ohne Rücksicht auf ihre erfolgreichen politischen Ziehväter.

Die unserer politischen Generation zu verdankende deutsche Einheit kam nicht durch permanente Konfrontation und dauernde gegenseitige Sanktionen zwischen scheinbar Gut und Böse zustande, sondern durch den Wandel zur Annäherung in mühevollen, schließlich erfolgreichen Verhandlungen und Verträgen unter weitgehenden Zugeständnissen der russischen Seite. Heute aber reicht es, Putin zum Diktator oder gar Killer und Nawalny zum demokratischen Oppositionsführer zu stempeln, um das Verhältnis weiter zu zerrütten.

Letztes Beispiel war der massive, mit Hilfe der USA und einigen ihrer russophoben osteuropäischen Freunde betriebene Versuch, die Nordstream-2-Pipeline bis zur letzten Minute ihrer Fertigstellung mit erpresserischen Mitteln und verlogenen Argumenten zu verhindern. Dabei ging es der amerikanischen Ölindustrie und ihren Lobbyisten im Kongress wie Ted Cruz darum, sich ein lukratives Geschäft zu verschaffen, um statt der Ostseepipeline ihr gefracktes Gas per Schiff von Louisiana über den Atlantik zu transportieren.

Osteuropäische Gegner dagegen setzten in engem Schulterschluss mit ihren besonders engen Freunden in den USA auf die Verhinderung europäisch-russischer Wirtschaftsabkommen überhaupt, um der russischen Wirtschaft, vor allem aber Putin damit zu schaden, was auch Herr Nawalny forderte.

Nicht ohne Schadenfreude hätten wohl manche Mitglieder unserer Wertegemeinschaft mit dem Abbruch des Baus Frau Merkel gerne noch ein peinliches Desaster zum Ende ihrer Amtszeit bereitet, war sie doch eine verdienstvolle Initiatorin des nicht nur für unsere, sondern auch für die Wirtschaft anderer EU-Staaten und für unsere Beziehungen zu Russland wichtigen Projektes. Dass Russland die Ukraine daneben weiterhin mit einer eigenen Gasleitung zu günstigen Preisen versorgt, sollte man hier nicht unter den Tisch kehren. Der Vertrag wurde erst vor gut einem Jahr von den Energieministern beider Staaten mit deutscher Vermittlung erneuert und zu günstigen Bedingungen für die Ukraine verlängert. Es bleibt zu hoffen, dass das dieser Tage vorgeschlagene Treffen zwischen Putin und dem ukrainischen Präsidenten bald zustande kommt.

Dass das amerikanische Jahrhundert zu Ende ist, Titel wie »leader of the free world« für US-Präsidenten zu einem Anachronismus geworden sind, wird immer deutlicher. Nach dem Zweiten Weltkrieg waren die USA die einzige Weltmacht. Mit dem in unfassbarer Schnelligkeit gewachsenen China ist eine neue Macht entstanden, die heute ihre 1,4 Milliarden Menschen ernähren, wirtschaftlich und wissenschaftlich (man denke an die jüngste Marslandung) mit den USA weitgehend mithalten kann und in sozialer Hinsicht an den USA vorbeigezogen ist, vergleicht man die dort immer weiterwachsende Ungleichheit zwischen Arm und Reich oder die mangelhafte Gesundheitspolitik. Nur im Hinblick auf die Militärausgaben liegt das mit seinen Einwohnern viermal so große Land weit unter den mehr als dreimal so hohen Ausgaben der USA. Gegenüber Russland liegen deren Militärausgaben sogar mehr als elfmal so hoch.

Nach achtjährigen Verhandlungen hat China vor kurzem mit 14 der bedeutendsten und vorwiegend demokratischen asiatischen Staaten die größte Freihandelszone der Welt für zwei Milliarden Menschen geschaffen und damit bewiesen, dass seine Außen- und Wirtschaftspolitik den USA in Asien den Rang abgelaufen hat. Der Ärger darüber in den USA ist verständlich. Und es ist bezeichnend, dass der US-Senat zwei Kandidaten von Präsident Joe Biden zum ersten Mal einstimmig bestätigt hat, den neuen CIA-Chef Burns und die neue Handelsministerin Raimondo. Sie kündigte zuvor an, dass sie mit China hart verfahren werde; Burns, dass die Bekämpfung der »feindlich gesinnten Führung Chinas der Schlüssel für die nationale Sicherheit der USA« sei. Das lässt auf nichts Gutes schließen.

Inzwischen hat Biden als ersten ausländischen Staatschef den japanischen Ministerpräsidenten im Weißen Haus empfangen, um eine enge militärische Zusammenarbeit mit Japan zur Eindämmung Chinas zu beraten. Es deutet sich schon an, dass er auch mit der Unterstützung der Alliierten rechnet.

Stattdessen sollten wir gemeinsam mit unseren europäischen Freunden alles tun, um uns nicht in weitere internationale Konflikte hineinziehen zu lassen, sondern mit China und Russland auf ein durchaus kritisches, aber auf Verständigung und Rationalität zielendes Verhältnis hinzuarbeiten. Darum muss es gehen: Da, wo es möglich ist, die traditionelle Freundschaft mit den USA erhalten, die europäische Unabhängigkeit jedoch zu wahren und notfalls auch energisch zu verteidigen.

Antje Vollmer

Angela Merkel, Wladimir Putin und der Permafrost

Berliner Zeitung vom 21. Mai 2021

Die größte außenpolitische Hypothek besteht darin, dass während Merkels Kanzlerschaft das deutsch-russische Verhältnis in die Zone ewigen Permafrostes abgedriftet ist. Noch ist das kein Thema und auch im kommenden Wahlkampf werden andere Fragen auf der Agenda stehen. Aber auf die Zukunft Europas wirft diese Tatsache düstere Schatten.

Es musste nicht so kommen, das beweist allein ein Blick auf die deutsch-russischen Verhältnisse vor 2005, vor dem Machtwechsel von Schröder zu Merkel. Es gab damals nicht nur die Charta von Paris, die Troika-Treffen (Frankreich, Deutschland, Russland) und Regierungskonsultationen auf höchster Ebene, es gab sogar Pläne für ein russisch-ukrainisches Gas-Konsortium. Es gab jede Menge bi- und multilateraler Foren: den NATO-Russland-Rat, die G8, Russlands Beteiligung am Europarat, die sprunghafte Intensivierung der Wirtschafts- und Kulturkontakte, blühende Städtepartnerschaften, mehrere Abrüstungsabkommen, gegenseitige Beobachter bei Manövern, den Petersburger Dialog. Die meisten dieser Gremien sind inzwischen im Eis begraben oder führen ein Scheinleben.

Damals aber gab es eines: ein solides Grundvertrauen zwischen den Eliten beider Länder. Dieses Vertrauen war auf russischer Seite durch die lange Zeit der Entspannungspolitik gewachsen (von Brandt über Kohl bis Schröder). Auf deutscher Seite hatte noch keiner der führenden Politiker vergessen, wem unser Land letztlich die Wiedervereinigung verdankte.

So sehr das historische Bild inzwischen umgedeutet und übermalt wird: Es waren nicht die USA mit ihrer Politik der Dominanz, schon gar nicht die eher zögerlichen Briten und Franzosen und auch nicht allein die friedlichen Demonstranten auf den Straßen der DDR: Es waren Michail Gorbatschow und die UdSSR, die es wagten, ihre Soldaten (immerhin 500.000 auf dem Boden der DDR) im entscheidenden Moment in den Kasernen zu lassen und jedes Blutbad zu vermeiden.

Gorbatschow hat damals alles riskiert für seine vielleicht zu idealistische Vision vom »Gemeinsamen Haus Europa«. Aus der Sicht der meisten heutigen Russen hat er zu viel zu schnell und zu ungeschützt riskiert, weswegen sein Bild im eigenen Vaterland inzwischen sehr eingetrübt ist, trotz der großen inneren Freiheiten, die es in der Zeit von Glasnost und Perestroika gab und die heute nicht mehr existieren.

Zweimal habe ich Michail Gorbatschow im vertrauten Kreis über seine eigene Bilanz dieser Zeit reden hören, das letzte Mal 2015 während eines letzten Treffens mit Egon Bahr. Bei seinen selten gewordenen öffentlichen Reden vor deutschen Medien war Gorbatschow immer noch gefasst, um Vertrauen und Verständnis werbend. Im kleinen Kreis aber brach es aus ihm heraus: Gemessen an seinem eigenen Einsatz für eine grundlegend veränderte Friedensordnung in Europa habe der Westen nichts gewagt, nichts riskiert. Er habe nur genommen und nichts gegeben. Das grenze an Verrat und habe Vertrauen, das in Jahrzehnten mühselig gewachsen sei, zerstört.

Ohne dieses zerstörte Vertrauen sei Putin nicht zu erklären, ja, er sei das direkte Ergebnis dieses Prozesses. Putin habe Mühe genug gehabt, Russland vor dem völligen Staatsverfall in der Jelzin-Ära zu retten. Trotz der großen Unterschiede zwischen beiden hat sich Gorbatschow niemals von Wladimir Putin distanziert. Das sollte den Deutschen wenigstens zu denken geben.

In den heutigen Medien und unter westlichen Politikern jeder Schattierung gilt Wladimir Putin inzwischen als der personifizierte »Böse vom Dienst« (Hubert Seipel). Er kann sogar »Killer« genannt werden (Joe Biden). Sein Land, Russland, wird als zu vernachlässigende »Regionalmacht« eingestuft (Barack Obama). Das könnte eine fatale Fehleinschätzung sein.

Auch Angela Merkel misstraut Wladimir Putin zutiefst – und zwar von Anfang an. Über ihre Gründe schweigt sie. Geradezu lächerlich ist die Erklärung, die Journalisten gern verbreiten, es habe an Putins Hund und an Putins Macho-Attitüden gelegen.

Wer seine Politik von solchen persönlichen Gefühligkeiten abhängig macht, sollte nicht Kanzlerin werden.

Glaubwürdiger ist, dass Merkel, die nach eigenen Worten »dreifach quotiert« war (jung und unerfahren, aus dem Osten und dazu eine Frau), von Anfang an signalisieren wollte, dass es an ihrer Nähe zu den USA und dem NATO-Bündnis nicht den Hauch eines Zweifels geben dürfe. Sie hätte ja auch deutsche Truppen mit in den Irak-Krieg geschickt, wenn sie 2003 schon im Amt gewesen wäre.

Stück für Stück hat sie durch diese übergroße Treue den mühsam errungenen Freiheitsspielraum deutscher Außenpolitik verringert, an dem alle ihre Vorgänger seit Adenauer gearbeitet haben. Der war nicht in Illoyalität zum Westen begründet, sondern darin, dass wir auf einem gemeinsamen Kontinent mit dem größten Flächenstaat der Welt leben, der auch noch Atomwaffen besitzt. Mit dem in eine friedliche Koexistenz zu kommen, ist zukunftsentscheidend. Wir leben eben nicht auf einer Insel wie Großbritannien, die USA oder Australien. Unser Schicksal ist der Frieden auf dem euroasiatischen Kontinent.

Angela Merkel hat nie begriffen, wie sehr sich ihre persönlichen Startbedingungen von denen Wladimir Putins unterschieden. Sie selbst wurde, relativ unbelastet, mühelos und vielseitig verwendbar von oben in die Führungsebenen der deutschen Politik eingepasst, als Kohl gerade eine »Ministerin aus dem Osten« brauchte. Sie kam – mit einer kleinen Revolte und unter Applaus aller Leitmedien – an die Spitze der Partei, die fast ein Dauerabonnement auf die Regierungsbildung in Deutschland hat. Sie gelangte so mit wenig Gepäck an die erste Stelle einer inzwischen stabilen Nachkriegsdemokratie, die gerade den Glücksfall Wiedervereinigung erlebt hatte.

Man muss nicht »Putin-Versteher«, man muss nur fair sein, um zu begreifen, wie viel schwerer rein objektiv die Ausgangssituation der Präsidentschaft Wladimir Putins war. Der Vielvölkerstaat war zerbrochen in oft instabile Nachfolgestaaten mit teilweise überbordenden reaktionären Nationalismen. Die Wirtschaft lag am Boden, Renten und Lehregehälter wurden monatelang nicht ausgezahlt. Die Lebenserwartung sank. Die einst ruhmreiche Armee war zerrüttet und deklassiert. Der Rechtsstaat und seine Institutionen waren nur schwach entwickelt und korruptionsanfällig. Das Oligarchensystem hat Putin nicht erfunden, es war unter Jelzin ungebremst entstanden, er konnte es nur zu zügeln versuchen.

In der Propaganda des Westens allerdings wurden aus den von ihm gemaßregelten Milliardären, die sich am Volkseigentum bereichert hatten (Chodorkowski) über Nacht geläuterte Freiheitshelden, aus Eintagsrebellen wie Pussy Riot wurden Stars einer vermeintlich globalen Zivilgesellschaft. Und Putin hatte in den Augen der Welt einen unauslöschlichen Makel, er kam aus dem KGB, während Merkel nur in der FDJ gewesen war.

Konnte eine Angela Merkel diesen Unterschied in den Ausgangsbedingungen, mit denen beide die Weltbühne betraten, nicht sehen? Seltsam.

Gern wird von ihr berichtet, niemand habe so oft mit Wladimir Putin telefoniert wie sie. Ich kann keine meisterliche Strategie darin erkennen, dass nach jedem dieser Telefonate gleich der Regierungssprecher dem staunenden deutschen Volk mitteilt, welche Fülle von Ermahnungen die Kanzlerin dem Präsidenten diesmal zukommen ließ. Es sind meist die Schaumkronen der tagespolitischen Erregungswellen.

Früher hieß Außenpolitik: Vertrauen schaffen durch vertraute, langandauernde Gespräche, gut vorbereitet über diskrete Sonderbeauftragte, die genau die Bewegungsmöglichkeiten der anderen Seite kannten. Es brauchte auch Zeit: Adenauer war Tage in Moskau, bevor er die Gefangenen-Rückkehr erreichte, Brandt ebenso während der Ostverträge, Kohl und Genscher während der Verhandlungen über die Wiedervereinigung.

Angela Merkel kam erst einen Tag später zum 70-jährigen Gedenken des Kriegsendes, gab eine irritierende Presseerklärung ab und verschwand wieder. Nur einmal, während der Ukraine-Krise, hatte sie ein erfolgversprechendes Pack-Ende in der Hand. Aber diesen Ansatz einer eigenständigen Initiative gegenüber Russland, den Minsker Prozess, hat sie sträflich schleifen lassen. Stattdessen traf sie sich zahllose Male in Berlin mit Poroschenko, jenem ukrainischen Präsidenten, der beim Versuch der Wiederwahl von seiner eigenen Bevölkerung schlechteste Ergebnisse bekam.

Angela Merkels Vorsicht und Zögerlichkeit gegenüber Russland hatte allerdings immer einen Hintergrund: die anhaltende Russlandphobie in den deutschen Medien und Thinktanks, die allerdings in einem erstaunlichen Gegensatz zur Stimmung in der deutschen und russischen Bevölkerung stehen, die noch nicht vergessen können, dass wir gegeneinander zwei Weltkriege geführt haben.

Bei den Berliner Eliten aber hat es einen radikalen Generationenwechsel gegeben, von Entspannungspolitikern zu überloyalen Transatlantikern. Sie fühlen sich sträflich sicher unter dem NATO-Schutzschirm, sie sehen keine Kriegsgefahr weit und breit. Ja, sie werden selbst zu Propagandisten des Menschenrechts-Bellizismus. Lauscht man dem überwiegenden Sound heutiger deutscher Politiker und Medien in ihrem Umgang mit Russland, so klingt er wie schwarze Pädagogik: anprangernd und belehrend. Man redet nicht miteinander, man maßregelt, vom Gefühl der unendlichen moralischen und kulturellen Überlegenheit berauscht. Es ist quälend, das zu erleben.

Dabei genügt ein kurzer Blick in die Geschichte seit 1900, um sich zu fragen: Was bitte haben gerade die Deutschen den Russen vorzuwerfen? Zu Beginn des Jahrhunderts wurden die ersten russischen Demokratiebewegungen, die Delegationen mit flehentlichen Bitten nach Berlin schickten, meist abgewiesen. Am Ausbruch des Ersten Weltkrieges war die Schuld des deutschen Kaisers größer als die des russischen Zaren. Selbst die für die russische Geschichte so katastrophale Machtergreifung der Bolschewiki wurde geplant und unterstützt von der deutschen Heeresleitung und mit enormen Goldmark-Beträgen versehen. Die letzten Demokratisierungs-Chancen der Kerenski-Regierung wurden zunichte gemacht. Der fatale Friedensvertrag von Brest-Litowsk trug ebenso die deutsche Unterschrift wie der Hitler-Stalin-Pakt, der die Zerstückelung Polens und Vertreibungen beinhaltete.

Der Zweite Weltkrieg ging allein auf das Schuldkonto der Deutschen und forderte in der damaligen Sowjetunion 27 Millionen Opfer. Die Stalinsche Diktatur, die heute gern mit der NS-Diktatur völlig gleichgesetzt wird, hat nicht nur bei den Nachbarvölkern, sondern vor allem im eigenen Land gewütet. Sie wurde, anders als in Deutschland, am Ende von eigenen Kräften, von Chruschtschow bis Gorbatschow im Inneren besiegt. Heute die Alleinschuld den Russen aufzulasten, ist geschichtsvergessene Jagd auf Sündenböcke. Es gab neben dem Georgier Stalin viele russische, polnische, ungarische, ukrainische, baltische, tschechoslowakische und sogar deutsche Stalinisten.

Was nun? Es ist unwahrscheinlich, dass Angela Merkel ihr zerrüttetes Verhältnis zu Putin und seinem Land noch in den letzten Monaten korrigiert, selbst wenn sie noch einmal eine so riskante Blitzwende starten könnte wie in der Finanz- und Flüchtlingskrise oder nach dem Reaktor-Unfall von Fukushima. Es kommt also darauf an, wer nach ihr kommt.

Die SPD hat sich noch nicht ganz, wohl aber in der Person ihres Außenministers von der Ära der Entspannungspolitik verabschiedet. Er verfolgt die Doppelstrategie: »Erst züchtigen, dann aber wollen wir reden.« Sehr viel Erfolg erzeugt diese Methode allerdings nicht.

Die Grünen zeigen jakobinischen und missionarischen Elan gegenüber Russland. Sie würden sich außenpolitisch gern bruchlos in die Merkelsche Tradition eingliedern. Ihr Abschied von der Friedensbewegung markiert die größte Entfremdung zu den eigenen Ursprüngen.

Sie hatten sich einmal die Überwindung der Logik des Kalten Krieges auf ihre Fahnen geschrieben. Dazu gehörte als Erstes der Abbau von Feindbildern, Ressentiments und Dünkeln im eigenen Kopf. Ökologie war immer mehr als Klimapolitik. Es gibt nämlich auch eine ökologische Strategie für das gleichgewichtige Verhältnis unter den Völkern. Annalena Baerbock hat verkündet, gegenüber Russland gelte für sie die Parole: Härte und Dialog. Das klingt merkwürdig hohl, wie gecoached. Es klingt nach echter Ratlosigkeit.

»Jeder wirkliche Fortschritt ist pazifistisch«

Interview von Michael Maier mit Antje Vollmer

Berliner Zeitung vom 19. Juni 2021

Berliner Zeitung: *Frau Vollmer, die Worte »Frieden« und »Pazifismus« scheinen aus dem öffentlichen Diskurs verschwunden zu sein …*

Antje Vollmer: Alle sprechen davon, dass wir an einer Zeitenwende stehen. Aber ich kann mir keine neue Politik vorstellen ohne ein pazifistisches Moment. Jede wirklich fortschrittliche Zeit war tendenziell pazifistisch. Nach dem Ersten Weltkrieg wurde der Völkerbund ins Leben gerufen. Nach dem Zweiten Weltkrieg ist die UNO entstanden. Die Auflösung des Kalten Krieges begann mit der Entspannungspolitik von Willy Brandt, sein Ende mit der Friedensbewegung in Deutschland und Europa. Die Deklaration von Helsinki eröffnete eine gewaltreduzierende Perspektive. Es ist katastrophal, dass wir diese Chancen nach 1990 vertan haben.

Was ist 1990 schiefgelaufen?

Es gab einen unverantwortlichen westlichen Triumphalismus. Wir reden immer nur von den Verdiensten der Bürgerrechtler und vergessen die sensationellen Entwicklungen damals im Kreml. Gorbatschow hat den Afghanistan-Krieg beendet. Und man kann sich kaum vorstellen, welche Leistung es war, 1989 die Soldaten in den Kasernen zu lassen und so eine Gewalteskalation zu vermeiden.

Woher kommt es, dass wir nun wieder vor einer Neuauflage des Kalten Krieges stehen?

Mit dem zeitlichen Abstand haben viele leichtfertig vergessen, wie schrecklich Kriege sind. Sie sind die größte Bedrohung der Menschheit. Der Krieg ist auch nicht vorbei, wenn der Krieg vorbei ist. Auch nach 1990 hat es keinen echten Friedensschluss gegeben, der Westen hat zu sehr gesiegt. Es fehlt ein politischer Pazifismus. Dieser muss drei Kriterien erfüllen: Man muss sich selbst entwaffnen, auch von Hass- und Feindbildern. Man muss den Gegner genau kennen, um seine Reaktionsmöglichkeit überhaupt einschätzen zu können. Schließlich muss man eine Mehrheit der öffentlichen Meinung hinter sich haben, um den Pazifismus auch durchsetzen zu können.

Alle großen gesellschaftlichen, nachhaltigen Veränderungen kamen von Pazifisten: Gandhi, Martin Luther King, Nelson Mandela ... Sie alle haben den Hass überwunden, sie kannten ihre politischen Gegner und sie haben breite, ja sogar weltweite Zustimmung bekommen. Eine vergleichbare Figur fehlt heute, auch in den USA. Es fehlt jemand, der die Autorität hat, um die Menschen zum gewaltfreien Widerstand zu bringen und diesen durchzuhalten. Pazifismus heißt, Bomben entschärfen zu können. Die Androhung von Sanktionen ist kein gewaltfreies Mittel. Sie ist Teil einer vorbereitenden Kriegspropaganda. Feindbilder werden erzeugt: Die russische, chinesische oder iranische Gefahr.

Als Sie bei den Grünen prägend waren, war die Friedensbewegung der treibende Faktor der jungen Partei. Es war der Kampf gegen die Pershing-Raketen der Amerikaner in Deutschland. Was haben die Grünen damals anders gemacht als heute?

Wir haben gegen den NATO-Doppelbeschluss gekämpft. Es ging aber auch gegen die russischen SS-20. Wir hatten Partner jenseits des Eisernen Vorhangs. Wir wollten die Konfrontation der Blöcke von unten her überwinden. Auch bei uns sind unglaubliche Dinge geschehen: Willy Brandt kam eines Tages aus der SPD-Zentrale in Bonn und hat sich in den Demonstrationszug eingegliedert, das war die reale Verbindung von Entspannungspolitik und Friedensbewegung. Wir wollten in den 1980er Jahren eine neue blockübergreifende Friedensordnung in Europa. Wir haben schon mit Gorbatschow geredet, als er von der offiziellen Politik noch als »neuer Goebbels« verhöhnt wurde. Die Grünen haben so mögliche Konfliktfelder antizipiert. Heute hätten sie z.B. rechtzeitig nach Katalonien, Venezuela oder in den Iran fahren müssen, um einen Dialog zu beginnen, wo er als unmöglich erklärt wird.

Wie kamen Ihre Kontakte mit Leuten im Osten zustande?

Ich kannte viele aus dem kirchlichen Umfeld, wie den Pankower Friedenskreis. Es war die Zeit des Slogans »Schwerter zu

Pflugscharen«. Wir wussten, dass es in der DDR eine Friedensbewegung gab. Wir haben auch Kontakte zu Reformern in der SED aufgenommen, wir wollten die Änderung in den Köpfen erreichen.

Mussten Sie nicht damit rechnen, dass die Kontakte von der Stasi unterwandert waren?

Natürlich wussten wir, dass die Stasi immer dabei war. In den 1980er Jahren war es aber so, dass sich die Bürgerrechtler weniger dadurch einschüchtern ließen. Es gab mutige Leute wie die »Frauen für den Frieden«, mit Bärbel Bohley und Ulrike Poppe. Das hat sich auf uns übertragen. Nach der Wende waren wir wohl schockiert über die Zahl der IM, aber sie konnten uns nicht aufhalten. Schwierig waren nur die vielen Einreiseverbote für die Grünen.

War man sich bei den Grünen einig über die Strategie?

Natürlich nicht. Es gab zwei Richtungen. Die einen sagten, man solle nur mit der Opposition sprechen. Die anderen waren für Gespräche auch mit den Herrschenden. Wir hielten eine reale Veränderung für möglich. So kam es 1984 zu dem Treffen mit Erich Honecker. Ich war bei diesem Treffen dabei.

Wie ist es zu diesem Treffen gekommen?

Petra Kelly und Gert Bastian wurden bei einer Demo am Alexanderplatz verhaftet. Sie wurden wieder freigelassen, aber Kelly hat gesagt, sie will mit Honecker sprechen. Und so wurden wir Grünen zu einer Diskussion in das Staatsratsgebäude eingeladen.

Wie war das Treffen?

Es war sehr eigenartig. Wir wollten damals einen Friedensvertrag von Mensch zu Mensch schließen. Wir hatten sogar einen Entwurf dabei. Wir waren so aufgeregt, dass wir den Vertrag verkehrt rum in die Kameras gehalten haben. Honecker hat kurz überlegt, ob er unterschreiben soll. Aber seine Berater um ihn herum haben darauf geachtet, dass er nicht zu weit geht mit seiner jovialen Art. Wir haben sehr offen gesprochen. Über die Bürgerrechtler im Gefängnis, über die Abrüstung. Es war ja die Zeit, in der beide Blöcke bis unter die Haarspitzen bewaffnet waren. Die Lage war wirklich gefährlich. Nach dem Treffen sind wir auf Umwegen zu einer Gruppe von Bürgerrechtlern bei Rainer Eppelmann gefahren. Wir wählten Umwege, um die Stasi abzuschütteln, das war ziemlich naiv. Als wir ankamen, waren natürlich auch Stasi-Leute dabei, die versuchten zu provozieren. Das wichtigste an dem Treffen war die Botschaft, wir reden nicht nur mit den Herrschenden.

Warum hat Honecker dem Treffen zugestimmt?

Er hat das mediale Interesse genossen, wie auch später bei seinem Treffen mit Helmut Kohl.

Wurden Sie im Westen angefeindet wegen der Aktion?

Selbstverständlich, wir wurden als die »fünfte Kolonne Moskaus« bezeichnet. Seit 1948 waren alle Wahlkämpfe in West-Deutschland von Antikommunismus und antirussischen Ressentiments geprägt. Der Einsatz für den Frieden wurde als Verrat an der Freiheit diffamiert. Das historische Verdienst von Egon Bahr und Willy Brandt war, dass sie das Misstrauen unterlaufen und den Gedanken der Aussöhnung durchgesetzt haben.

Hat es Sie gestört, als die »fünfte Kolonne Moskaus« beschimpft zu werden?

Es war uns ähnlich egal wie den Bürgerrechtlern im Osten die Stasi egal war. Heute haben viele das Gefühl, dass sie politisch immer verlieren. Damals wussten wir, wir haben eine 50-Prozent-Chance zu gewinnen. Wir wurden diffamiert, aber wir haben uns nie als Opfer gefühlt. Wir haben uns als Vorreiter einer neuen Politik verstanden.

Die Diffamierung hat Sie nicht überlegen lassen, ob Sie weiterkämpfen sollen?

Ich habe ja gesagt, es hat uns nicht gestört. Warum fragen Sie das zweimal?

Weil man heute auch diffamiert wird, wenn man den Dialog mit Russland sucht. Und weil sich heute viele genau deswegen davon abhalten lassen, das Gespräch zu suchen …

Ich weiß. Damals waren die Diffamierungen medial nicht so erfolgreich wie heute. Damals war die pazifistische Idee ein Kern der Grünen und auch mehrheitsfähig. Erst in der Ukraine-Krise haben ausgerechnet Grüne als erste Putin zum Feindbild erklärt.

Für mich war das der Abschied von unseren Wurzeln. Ohne den Pazifismus hätten wir es doch nie geschafft, 1983 die Fünf-Prozent-Hürde zu überwinden.

War der Pazifismus auch das einigende Element der Grünen von West und Ost? Das führte ja schließlich zur Partei »Bündnis 90/Die Grünen«. Heute weiß kaum noch jemand, warum die Partei so heißt …

Die West-Grünen waren ökologisch, pazifistisch, basisdemokratisch und sozial. Der Pazifismus war bei der Bürgerbewegung im Osten am ausgeprägtesten. Er war unsere stärkste Komponente. Heute ist er unsere schwächste.

Wie kam es zum Bruch?

Der Bruch kam mit dem Krieg im Kosovo, mit dem Bielefelder Parteitag, an dem sogar Farbbeutel flogen. Damals wurden unsere beiden heiligsten Güter gegeneinander ausgespielt. Wir sollten entscheiden zwischen Menschenrechten und Friedenspolitik. Aber nicht der Pazifismus hat Srebrenica möglich gemacht, sondern das Desinteresse Europas am Schicksal Jugoslawiens und zuvor die mangelnde Unterstützung für die gewaltfreie Bewegung im Kosovo. Heute gibt es einen Menschenrechts-Bellizismus, dem geht es nicht um Menschenrechte, sondern um »regime change«.

Ich habe einmal Kevin Kühnert gefragt, warum er nicht die Entspannungspolitik als Erbe von Willy Brandt fortsetzen will. Er hat mir gesagt, wenn er dieses Thema auch nur ansprechen würde, käme es zu einer Spaltung der Jusos. Es würde seine Organisation zerreißen. Das ist absurd. Denn die Sozialdemokratie war eigentlich immer gegen den Krieg. Der Pazifismus der SPD kommt aus dem 19. Jahrhundert. Er ist in der Arbeiterbewegung entstanden. Sie war international ausgerichtet. Die Arbeiter wollten sich nicht gegeneinander aufhetzen lassen. Sie wollten dem kapitalistischen Krieg nicht ihre Söhne opfern. Wenn die Sozialdemokratie diesen Kurs durchgehalten hätte, wäre das 20. Jahrhundert wirklich das Jahrhundert der Sozialdemokratie geworden. Viele Katastrophen wären uns erspart geblieben. Pazifismus ist nicht illusionär, sondern die wirksamste politische Strategie, das ist historisch belegt.

Warum haben die Grünen ihre pazifistische DNA verloren?
Die geopolitischen Koordinaten haben sich geändert. Zur Zeit des Kalten Krieges gab es auch blockfreie Staaten, wie etwa Indien und Jugoslawien. Das war damals eine reale Alternative für viele. Diese Option haben wir auch für Deutschland vertreten. Genscher hat zu mir nach meiner ersten deutschlandpolitischen Rede im Bundestag gesagt, das sei eine Rede für die Blockfreiheit gewesen, für den »deutschen Sonderweg«. Auch andere deutsche Politiker haben manchmal an blockübergreifende Lösungen gedacht, von Willy Brandt bis Helmut Kohl. Sie wollten nur nicht offen darüber reden. Wir Grünen waren Grenzgänger und Fährtensucher, auch bei der zukünftigen Rolle Europas. Europa stand traditionell für die »balance of power«. Dieser Ausgleich könnte auch unser Beitrag in der heutigen Weltpolitik sein. Doch seit der Ära Merkel sind die Deutschen die Musterschüler der westlichen Überlegenheit.

Sehen Sie heute bei den Grünen einen Politiker oder eine Politikerin, die an diese pazifistische Tradition anknüpfen könnte?
(Antje Vollmer denkt lange nach und schweigt.)

Michael Brie/Dieter Klein

Es gibt noch Hoffnung!

Berliner Zeitung vom 18. September 2021

Vor Wochen noch gingen die Klimaaktivisten von Fridays for Future mit Plakaten auf die Straße, auf denen stand: »System change, not climate change!« Diese Losung wirkt nach dem jüngsten Bericht des Weltklimarates schon veraltet. Denn der Klimawandel ist in vollem Gange. Fraglich ist nur noch, wie seine Folgen zu dämpfen sind und wie sein Fortgang zu bremsen ist. Ein Systemwandel ist nicht in Sicht, obwohl er längerfristig unvermeidbar wird – zum Besseren oder Schlechteren.

Am Mittelmeer, in Sibirien und an der gesamten US-Westküste brennen die Wälder, Hitzerekorde auf allen Kontinenten. Kleine Bäche, die in wenigen Stunden zu reißenden Flüssen werden, reißen Dörfer und ganze Stadtteile mit sich oder begraben sie unter Schlammlawinen. Dies alles ist nur der Beginn. In wenigen Jahren wird man sich an die gute Zeit von 2021 zurückerinnern, als noch fast alles »in Ordnung« war. Die Warnungen vor den Katastrophen sind alt. Seit über dreißig Jahren wird geredet und geredet und geredet. Die Wende von 1989 wurde vertan als Weiter-so und als Ausdehnung einer schon damals überlebten Produktions-, Verkehrs- und Lebensweise, auch mit militärischer Macht. Für viele war es eine letzte schöne Blüte. Die globale Konkurrenz senkte die Preise vieler Waren, immer mehr Menschen konnten sich Autos und Flugreisen leisten. Die Happy Hour des Konsums schien angebrochen. Doch es war der Schlussverkauf.

Wann und wie dieser Schluss kommt, ist ungewiss, aber er kommt bestimmt. Wie viele andere Staaten versucht Deutschland, einfach so weiterzumachen wie bisher und nur die notdürftigsten Reparaturen vorzunehmen. Der Ausstieg aus der Verstromung der Braunkohle wird weiter verzögert, die knapp 50 Millionen Benzin- und Dieselautos werden schrittweise durch E-Autos ersetzt, anstatt vor allem auf öffentlichen Verkehr zu setzen. Bei der energetischen Sanierung des Häuserbestandes wird schneckengleich ein Haus von einhundert im Jahr umgebaut. All dies wird nur dazu führen, dass sich die zerstörerischen Prozesse weiter beschleunigen. Das ist das Katastrophenszenario: sowohl ökologisch als auch sozial.

Es gibt aber auch ein Hoffnungsszenario. Viele nennen es einen anderen Kapitalismus, einige bezeichnen die Alternative als solidarische Gesellschaft und nicht wenige auch als Sozialismus. Was könnte den Kern dieser Alternative ausmachen? So wie Ernst Bloch auf eine Überlegung des schottischen Historikers und Essayisten Thomas Carlyle verwies: »Was der geistige Vorkämpfer sagt, waren alle Menschen schon nicht weit entfernt zu sagen, sehnten sich danach, es auszusprechen. Die Gedanken aller fahren wie aus einem Zauberschlaf bei seinem Gedanken auf und erwidern ihn mit Zustimmung.« Den einen einzigen Vordenker gab es nie und sollte es nicht geben, so wie auch das eine einzige Zauberwort nicht existiert. Mit allzu einfachen (Er-)Lösungsansätzen haben wir schlechte Erfahrungen gemacht. Aber bieten sich nicht trotzdem einige Grundgedanken an, die die Wünsche vieler auf den Punkt bringen?

Dazu lautet die Schlüsselfrage: Was wünschen sich Menschen, um gut leben zu können? Fünf Antworten sind besonders häufig: Bezahlbare gute Wohnungen werden im selben Maße wichtig, wie sie für immer mehr Menschen unerreichbar sind. Gesundheit gilt als elementares Motiv. Kinder und Enkel sollen in einer intakten Umwelt leben können. Und wir wollen über unser Leben selbst entscheiden können, dafür brauchen wir gute Arbeit und ein ausreichendes Einkommen. Last but not least: Ohne Frieden ist alles nichts.

Wohnen hat sich zu einem Feld der Selbstorganisation und Mobilisierung von Bürgerinnen und Bürgern gegen Mietwucher und für sozialen Wohnungsbau entwickelt – bis hin zu der Berliner Forderung nach einem Bürgerentscheid über die Enteignung von Deutsche Wohnen & Co. Die Konflikte um das Menschenrecht auf Wohnen betreffen eine elementare Alltagsfrage. Zugleich berühren sie das Eigentum der großen, global agierenden Kapitalanleger, der Heiligen Kuh des Kapitalismus.

Die Coronakrise hat offenbart: Ein Gesundheitswesen, in dem die gewinnträchtige Fallpauschale und nicht das Patientenwohl das Maß aller Dinge ist, hat verheerende Folgen. Die Pandemie hat auch dem Letzten klargemacht, dass die Vorstellung von Privatisierung als Allheilmittel schlicht Unsinn ist. Es bedarf starker öffentlicher Unternehmen und Einrichtungen für Gesundheit, Bildung, Verkehr, Energie, Information und alle anderen Bereiche der Daseinsvorsorge. Auch der Einstieg des Staates in Unternehmen, die strategische gesellschaftliche Bedeutung haben, gehört auf den Tisch. Es geht nicht nur darum, in Zeiten der Not diesen Unternehmen als stiller Teilhaber beizustehen. Wirtschaft muss gesellschaftlich gestaltet werden.

Die Rettung vor der Klimakrise und anderen Umweltzerstörungen steht exemplarisch dafür, dass große Umbrüche riesige Aufwendungen verlangen, die selbst die größten privaten Unternehmen überfordern. Mit angezogener Bremse kann kaum beschleunigt werden. Die Londoner Ökonomin Mariana Mazzucato fordert, dass der Staat zum ersten Investor werden muss, damit Unternehmen, Genossenschaften und Haushalte als Investoren nachziehen können. Staatliche Investitionen haben einen gewaltigen Verstärkungseffekt – wenn die Masseneinkommen den Unternehmen Absatzchancen versprechen. Heute geht es um den Übergang zu erneuerbaren Energien, eine CO_2-neutrale Produktion und Lebensweise, den Umbau der Städte und der Landwirtschaft. Und all dies in zwei Jahrzehnten, beginnend unmittelbar nach der Bundestagswahl. Nur durch die Mobilisierung öffentlicher Gelder und auch eine Vermögenssteuer kann gesichert werden, dass dabei auch die Löhne steigen, Jobsicherheit durchgesetzt wird und die Renten und Sozialleistungen stabilisiert oder erhöht werden.

In unserem Hoffnungsszenario muss es zudem ein neues Verhältnis wechselseitiger Ergänzung von gesellschaftlicher Planung und Marktmechanismus geben. Es war schon immer kurzsichtig, Plan und Markt als einander ausschließende Gegensätze zu betrachten. Gefangen in Marktdogmen will solche Einsicht den Entscheidungsträgern in Deutschland und Europa jedoch nicht in den Kopf. Zwar hat Wirtschaftsminister Altmaier unter anderem eine »Nationale Industriestrategie 2030« und eine »Nationale Wasserstoffstrategie« vorgelegt – Ansätze, an die anzuknüpfen ist. Aber in einem Beschluss seines Ministeriums vom Februar 2019 wird eilfertig betont: »Die Mittel der Wahl zur Erreichung der Ziele sind grundsätzlich marktwirtschaftlich, privatwirtschaftlich und eigenverantwortlich.« Und wo sich der Staat in höchster Not etwa doch zu ihrer Rettung an privaten Unternehmen beteiligen müsse, so sollte er doch so schnell wie möglich wieder aussteigen und zeitweilige Beteiligungen durch Privatisierungen ausgleichen. Zu Planung und Markt muss offenbar das Handeln zivilgesellschaftlicher Kräfte hinzukommen, um auf staatlicher Ebene, in den Unternehmen selbst und in eigenen, selbstbestimmten Projekten, die Interessen der einfachen Bürgerinnen und Bürger zur Geltung zu bringen.

In einer seit 34 Jahren laufenden soziologischen Studie werden ein und dieselben Personen nach ihrer Sicht auf die Gesellschaft befragt. 1987 waren sie erst 16 Jahre alt. Immer wieder steht dabei auch der Vergleich von DDR (damals) und Bundesrepublik (heute) an. Die Antworten sind über diese drei Jahrzehnte hinweg gleichgeblieben. An der Bundesrepublik gefallen vor allem die persönliche Freiheit, die politische Meinungsfreiheit, die Reisefreiheit. Aus der DDR sind soziale Sicherheit, gute Kinderbetreuung, soziale Gerechtigkeit und freundlichere Verhältnisse der Menschen zueinander im Gedächtnis geblieben. Wer dies alles als Verklärung der Vergangenheit vom Tisch wischt, vergisst, dass sich darin vor allem ausdrückt, was in den Augen der Befragten eine »gute Gesellschaft« ausmacht: Gut ist eine Gesellschaft, die Freiheit und Gerechtigkeit sowie wirksame demokratische Gestaltungsmöglichkeiten vereint. In einer solchen Gesellschaft soll das Leistungsprinzip wirken und zugleich das Prinzip gelten, dass die Grundgüter eines freien Lebens (Bildung, Gesundheitsvorsorge, Pflege usw.) nach dem kommunistischen Prinzip »Jedem nach seinen Bedürfnissen« verteilt werden. Wohnen, gute Arbeit, ein sicheres Umfeld und eine intakte Natur sind Grundgüter, von denen keine und keiner ausgeschlossen werden darf.

Ein Systemwechsel bedeutet auch, nicht erneut den Weg hin zu einem neuen Kalten Krieg, dieses Mal mit China, zu gehen und die Idee einer unilateralen globalen Vorherrschaft unter Führung der USA endgültig aufzugeben. Das Projekt der »Westernisierung« der Welt ist krachend gescheitert. Nicht nur in Afghanistan. Waffen bringen keinen Fortschritt. Die Welt ist und bleibt plural und Sicherheit gibt es nur im Miteinander der verschiedenen Staaten, Kulturen und Systeme. Nur so können alle Völker lernen, was für sie der beste Weg ist. Dafür ist Frieden die wichtigste Voraussetzung.

Die Bundesrepublik hatte nach 1949 eine ganze Reihe sozialistischer Errungenschaften, auch wenn sie so nicht benannt wurden. In der DDR gab es unter der Oberfläche einer Parteidiktatur viele liberale Räume. Jetzt, in einer Zeit, in der schnelle und grundsätzliche Veränderungen eingeleitet werden müssen, sollte weder auf die Stärken des Liberalismus noch auf die des Sozialismus verzichtet werden. Die Stärken beider werden gebraucht – die bewusste zielgerichtete Gestaltung im öffentlichen Interesse und die Freiheit der Einzelnen sowie unternehmerischer Entscheidungen, die öffentliche wie die private Finanzierung, das öffentliche wie das private und genossenschaftliche Eigentum, die soziale Sicherheit und die Anerkennung wirklicher, echter »systemrelevanter« Leistung. Dreißig Jahre nach der Wende bietet ein solcher Weg die Chance, dem Katastrophenszenario noch zu entgehen. Dieser Weg bedeutet auch: mehr Demokratie, mehr Solidarität, mehr Sozialismus zu wagen, ohne dabei der Freiheit den Rücken zuzukehren.

Daniela Dahn

UN-Charta-Patrioten:
Ein neues Verständnis von Sicherheit

Berliner Zeitung vom 15. Juni 2021

Die Chancen auf einen Politikwechsel durch eine linke Mehrheit im Bund sind gering. Das Zerwürfnis über die Frage von
Kriegseinsätzen scheint unüberwindbar, will man seine Grundsätze nicht aufgeben. Dem soll hier widersprochen werden. Der
gemeinsame Nenner liegt auf der Hand: die UN-Charta. Sie er-
laubt unter strengen Voraussetzungen militärische Interventionen. Will die kleine Linke mit ihrer grundsätzlichen Ablehnung
etwa moralischer sein als die große Weltgemeinschaft?

»Ich bin Völkerrechtlerin«, zitierte der Spiegel die damalige
Kanzlerkandidatin Annalena Baerbock. Schließlich hat sie ihren
Master in Völkerrecht an der London School of Economics gemacht. Bewaffnete Einsätze der Bundeswehr sind bei den Grünen als Ultima Ratio möglich, wenn sie ein Mandat des UN-Si-
cherheitsrates haben. Hat man denn in London nicht gelehrt, dass
es seit Existenz der UNO noch keine einzige Militärintervention
gab, die ihrer Charta gerecht wurde? Weil diese sehr viel mehr
voraussetzt als ein Mandat des Sicherheitsrates? Im öffentlichen
Bewusstsein ist solches Detailwissen tabuisiert.

Nach den Schreckenserfahrungen des 2. Weltkrieges hielten
es die Völker für nötig, sehr hohe Hürden aufzubauen, bevor je
wieder militärische Gewalt angewendet werden dürfte. Damit
von den natürlichen Ressourcen der Welt »möglichst wenig für
Rüstungszwecke abgezweigt wird«, beauftragt *Art. 26* den Sicherheitsrat, Pläne für ein »System der Rüstungsregelung« vor-
zulegen. Dies ist nie geschehen. Mächtige Wirtschaftsinteressen
haben es verhindert.

Dabei lehnen seit Jahren quer durch alle Parteien über drei
Viertel der Bundesbürger jeglichen Rüstungsexport ab und be-
vorzugen friedliche Lösungen. Fragen sie ihre Kandidaten da-

nach? Wird die Forderung der Linken, angesichts der Corona-Folgen weltweit die Militärausgaben um zehn Prozent zu kürzen, Befürworter finden?

Bei Konflikten empfiehlt *Art. 32*, die Streitparteien an den Erörterungen des Sicherheitsrates ohne Stimmrecht teilnehmen zu lassen. Gewaltsame Lösungen stehen so lange nicht zur Diskussion, bis im konkreten Fall alle friedlichen Mittel nach *Art. 33* ausgeschöpft sind: Verhandlung, Untersuchung, Vermittlung, Vergleich, Schiedsspruch, gerichtliche Entscheidung.

Wann sind »alle friedlichen Mittel« ausgeschöpft? Vorschlag in Geldform: Wenn genauso viel für zivile Vorsorge wie für militärische investiert wurde, also für Rüstung, Manöver und Angriffsplanung. Nach Angaben des Forums Ziviler Friedensdienst gibt die Bundesrepublik derzeit fast 1000-mal so viel für Militär aus wie für zivilen Friedensdienst.

Art. 94 verpflichtet die Streitparteien, sich den Entscheidungen des Internationalen Gerichtshofes zu unterwerfen. Dem haben sich die Großmächte entzogen. Alle können gleichermaßen belangt werden – es ist Wunschdenken geblieben.

Wenn trotz aller Bemühungen der Sicherheitsrat nach *Artikel 39* die Bedrohung des internationalen Friedens festgestellt hat, sieht der vielzitierte *Art. 42* den Einsatz von Militär vor. Dass dabei hauptsächlich an »Demonstrationen und Blockaden« gedacht ist, wird eher selten zitiert. Wenn linke Sicherheitspolitik die »Ächtung jeden Krieges« ernst nimmt, so wie sie schon 1928 im Briand-Kellogg-Pakt völkerrechtlich fixiert wurde, so dürfen die »militärischen Sanktionsmaßnahmen« nach Kapitel VII der UN-Charta logischerweise keine Kriege sein. Und die mit UN-Mandat Kommandierenden dürfen nicht selbst Kriegsverbrechen begehen, wie die USA gegenüber dem Irak im 2. Golfkrieg. Wo ihr 19 Völkerrechts-Verstöße nachgewiesen wurden, darunter der Einsatz verbotener Massenvernichtungswaffen und das Auslösen einer Umweltkatastrophe. Ein Mandat allein garantiert gar nichts.

Im öffentlichen Bewusstsein ist auch nicht, dass die *Art. 43 und 45* »Sonderabkommen« vorsehen, die dem Sicherheitsrat Streitkräfte der Mitgliedsstaaten zur Verfügung stellen. Für die strategische Leitung dieser Streitkräfte ist nach *Art. 47* der Sicherheitsrat zuständig, der wiederum einen »Generalstabsausschuss« bilden soll, der ihn berät. Dieser Ausschuss ist nicht aktiv geworden. Streitkräfte, die wie in der Charta vorgesehen von der UNO befehligt werden, hat es nie gegeben.

Kein Wunder, dass auch die nach *Art. 46* vom Sicherheitsrat verlangten »Pläne für die Anwendung von Waffengewalt« nie zustande kamen. Solche vorab vorzulegenden Pläne hätten zum Beispiel verhindern können, dass zahlreiche NATO-Länder das Mandat zur Einrichtung einer Flugverbotszone zum Schutz der libyschen Bevölkerung, zum blutigen Regime-Change missbrauchten, der das Land bis heute in Chaos und Elend gestürzt hat. Das Völkerrecht sieht jedenfalls nicht vor, die US-dominierte NATO als Exekutivorgan von UN-Beschlüssen zu nutzen.

Seit 1953 haben die USA mit illegalen Putschen und Kriegen im Iran, in Guatemala, Panama, Grenada, Ägypten, Vietnam, Laos, Kambodscha, Chile oder Nicaragua arrogant demonstriert, was sie vom Völkerrecht halten. Nach Auflösung des Warschauer Pakts und der Sowjetunion wurde die Existenzberechtigung des Verteidigungsbündnisses berechtigt infrage gestellt. Die völlig neue Strategie der NATO machte sie zum Weltpolizisten, der die Partikularinteressen seiner Mitglieder offensiv vertritt. Es ging um die erklärte Absicht, die »humanitäre Intervention« als Ausnahme vom geltenden Gewaltverbot als Gewohnheitsrecht durchzusetzen. Die sogenannte Schutzverantwortung gegenüber Völkermord wurde in den Feuilletons der westlichen Wertegemeinschaft als Triumph der Menschenrechte gegenüber dem geltenden Völkerrecht gefeiert.

Der nichtmandatierte Aggressionskrieg der NATO gegen Jugoslawien wurde mit Verhinderung von Völkermord im Kosovo gerechtfertigt. Doch in der während des Krieges veröffentlichten Anklageschrift des Haager Tribunals gegen die Regierung Milošević fehlte dieser Vorwurf. Als Chefanklägerin Carla del Ponte von Le Monde nach dem Grund befragt wurde, antwortete sie: »Weil es keine Beweise dafür gibt.« Damit war die angebliche Legitimation des Angriffes schon Wochen vor Ende des verheerenden Bombardements, das selbst mit uranhaltiger Munition und Splitterbomben humanitär sein wollte, entfallen.

Die Definition von Genozid ist seit Jahrzehnten umstritten und offensichtlich instrumentalisierbar. Keine einzige »Schutzverantwortung« hat Schutz gebracht, keine »Humanitäre Intervention« Humanismus. Den 20 Jahre währenden Krieg in Afghanistan hat die NATO verloren, der Abzug ist fluchtartig. Krieg zynisch peace-enforcing zu nennen, wagt kaum noch jemand. Um den Menschenrechts-Bellizismus ist es still geworden. Gewalt als Mittel der Politik kann als gescheitert angesehen werden. An »Gewohnheitsrecht« darf man sich nicht gewöhnen. Pacta sunt servanda. Sonst haben wir keine Völkerrechtsordnung mehr.

Was bleibt, ist das Dilemma, dass man den weltweiten Verstößen gegen Menschenrechte nicht tatenlos zusehen kann. Weshalb die jetzige Außenministerin der Grünen weiter militärisch intervenieren will. Die Regeln des Völkerrechts sollen geändert werden, sodass auch gegen das Veto einer Großmacht mit Waffengewalt eingegriffen werden kann. Doch keine Großmacht wird dann Mitglied bleiben. Allein die Pseudoalternative Krieg oder Nichtstun zeigt die gewollte Fantasielosigkeit. UN-Generalsekretär António Guterres versucht einen Umbau der UNO einzuleiten. Er strebt einen »sustaining peace« an, der strukturelle Konfliktursachen, wie Verteilungskämpfe, eindämmt und friedenserhaltende Hilfe anbietet. Da wird auch über eine Erweiterung des Mandats von Blauhelmen nachzudenken sein, bis hin zur Entwaffnung von Bürgerkriegsparteien.

Die strikte Ablehnung von Militäreinsätzen im Ausland ist unter den jetzigen Bedingungen vom Völkerrecht nicht nur gedeckt, sondern geboten. Könnte eine solche gemeinsame Haltung nicht zur dringend benötigten Attraktion in der grün-rot-rosanen Wählerschaft werden? Rüstung, Militärstützpunkte, Manöver und Kriege sind mit Abstand die größten Klimakiller, sie machen alle guten Absichten zunichte. Und sie sind genauso der größte Sozialkiller, der dem Versprechen, das Gesundheitswesen dem Profitstreben durch Übergabe in die öffentliche Hand entziehen zu wollen, genauso zuwiderläuft, wie der Zusage, dem wirtschaftlichen Stimmungstief der Leistungsträger nach Corona entgegenzuwirken. Kernthemen von G-R-R, die im Sorgen-Barometer der Deutschen ganz oben stehen, also auch künftig wahlrelevant sind. Alle drei Parteien könnten sich mit einem neuen Verständnis von Sicherheit offensiv als UN-Charta-Patrioten profilieren.

Die SPD drückte sich in ihrem letzten Wahlprogramm ganz um den Stolperstein Auslandseinsätze und ist womöglich für Argumentationshilfe aufgeschlossen. »Die Linke ist die Stimme der Friedensbewegung im Bundestag«, hieß es in ihrem Wahl-Programmentwurf. Man möchte es gern glauben. Sie fordert ein Menschenrecht auf Frieden. In der NATO sieht sie ein Relikt des Kalten Krieges, das durch ein kollektives Sicherheitssystem unter Beteiligung Russlands ersetzt werden sollte. Als einzige Partei lehnt sie es ab, sich an einer Regierung zu beteiligen, die die Bundeswehr zu Kampfeinsätzen ins Ausland schickt. Damit gilt sie für alle anderen Parteien als nicht regierungstauglich, ja, wird von den Konservativen gar aus dem Spektrum demokratischer Parteien aussortiert. Was aberwitzig ist, zeugt doch gerade ihre Haltung von einem unmissbräuchlichen Verhältnis zum Recht.

Später hat sie angekündigt, bei dem heiklen Thema diskussionsfähig zu sein, was hellhörig gemacht hat. Möge sie konsequent bleiben und zugestehen: Auslandseinsätze nur dann, wenn zuvor *sämtliche* Bedingungen der UN-Charta erfüllt sind. Also Friedensdienst ausschöpfen, Strategie und Kommando bei der UNO, nicht der NATO oder den USA und ein Mandat nur an Kombattanten, die sich zuvor der Rechtsprechung des IGH unterworfen haben.

Tipp an Frau Baerbock: Völkerrecht ist unteilbar. Wer es ganz akzeptiert, kann bis auf Weiteres keinem Auslandseinsatz der Bundeswehr zustimmen.

Peter Brandt/Reiner Braun/Michael Müller

Die doppelte Gefahr der Selbstvernichtung

Berliner Zeitung vom 10. Dezember 2021

I.

Kriege fallen nicht vom Himmel. Ihre Ursachen liegen in internationalen Machtverhältnissen, wirtschaftlichen Interessen und expansiven Ideologien, in sozialen Ungleichheiten, kulturellen Konflikten und heute insbesondere in ökologischen Bedrohungen, die vom Kampf um Öl bis zu den heraufziehenden Bedrohungen der vom Menschen verursachten Klimakrise reichen. In unserer Zeit, in der die gegenseitigen Verflechtungen und Abhängigkeiten ständig zunehmen, in der sich Krisen grenzüberschreitend auswirken, in der globale Waffen jeden Punkt der Erde erreichen können, kann internationale Sicherheit keine militärische Frage sein und schon gar nicht einseitig erlangt werden.

Aber die Militärausgaben steigen, liegen bei knapp 2 Billionen US-Dollar heute sogar höher als in der Zeit der in Ost und West geteilten Welt. Dabei entfallen in der Rangliste auf die ersten zehn Länder 75 Prozent der Ausgaben. Unser Land hatte in den letzten zwei Jahren nach Angaben des schwedischen Friedensforschungsinstituts SIPRI den höchsten Zuwachs unter ihnen und liegt bereits auf Platz sieben. Sollte tatsächlich das falsche Ziel von zwei Prozent Rüstungsausgaben am Bruttoinlandsprodukt von der Bundesregierung durchgesetzt werden, stieg unser Land je nach wirtschaftlicher Entwicklung mit fast 90 Mrd. US-Dollar auf Platz vier auf. Und die Militärbündnisse wie die NATO verschärfen die Konfrontation weiter.

Zu dieser angeblichen Alternativlosigkeit gibt es eine Alternative, die Idee der gemeinsamen Sicherheit, die heute in einer erweiterten Form, die soziale und ökologische Fragen einbezieht, auf die Tagesordnung der nationalen und internationalen Politik gehört. Das ist die logische Konsequenz aus den zerstörerischen Waffen, über die alle Seiten verfügen oder verfügen können.

Deshalb ist ein qualitativer Sprung im Denken notwendig, wie auch Willy Brandt uns mahnte: »Es gilt, sich gegen den Strom zu stellen, wenn dieser sich wieder einmal ein falsches Bett zu graben versuchen sollte.« Unser Kriterium für Abrüstung und Entspannung ist das Kant'sche Prinzip der Vernunft, dessen Gültigkeit unbedingtes Gebot werden muss und jederzeit zu gelten hat: »Handle nur nach derjenigen Maxime, durch die du zugleich wollen kannst, dass sie ein allgemeines Konzept werde.«

An die Stelle des Zwillingspaars Aufrüstung und Abschreckung müssen Entspannung und gemeinsame Sicherheit treten. Die Suche nach Gemeinsamkeit ist die Kernforderung in den drei großen UN-Berichten der 1980er Jahre: »Gemeinsames Überleben«, der Nord-Süd-Bericht von Willy Brandt; »Gemeinsame Sicherheit« für die Friedens- und Entspannungspolitik von Olof Palme; »Unsere Gemeinsame Zukunft«, der Report zu Umwelt und Entwicklung von Gro Harlem Brundtland, der von dem Leitziel der Nachhaltigkeit ausgeht. Diese Berichte müssen in einem Zusammenhang gesehen werden. Erst dann wird auf der zusammengewachsenen Welt eine gute Zukunft für alle Menschen möglich.

Die Vorschläge der UN-Kommissionen sind angesichts neuer Aufrüstung, zunehmender Konfrontation zwischen NATO, Russland und China sowie wachsender sozialer und ökologischer Konflikte wichtiger denn je, um Orientierung zu geben, auch und gerade in der Sicherheitspolitik. Statt des Hobbes'schen Ideals einer übermächtigen Gewalt, dass der Welt eine militärische Ordnung aufzwingt, heißt es dort: »Beide Seiten müssen Sicherheit erlangen, nicht vor dem Gegner, sondern gemeinsam mit ihm.« Die Friedens- und Sicherheitspolitik muss in einem größeren Zusammenhang gesehen werden und soziale und ökologische Gefahren einbeziehen. Das verlangt eine Politik der Kooperation.

Von dem Zivilisationstheoretiker Norbert Elias wissen wir, dass gesellschaftlicher Fortschritt eine »soziale Verregelung von Gewalt« erfordert. Auch heute, in einer Zeit, in der die bisher starren und gleichförmigen Fronten, die in den letzten Jahren unser Leben geprägt haben, aufgebrochen sind – zwischen Kapital und Arbeit, Wirtschaft und Natur, Ost und West, Nord und Süd.

Das heißt nicht, dass die alten Konflikte überwunden sind. Im Gegenteil: Die vorherrschende Gesellschaftsstruktur bleibt aufgrund ihrer Verwertungsdynamik und Konsumordnung darauf ausgerichtet, ihre eigenen Ressourcen systematisch zu vernutzen und damit die sozialen Unterschiede wieder zu vergrößern. Es ist sogar immer weniger möglich, auf die Wunden noch Pflaster zu kleben. Das 21. Jahrhundert droht zu einem Jahrhundert erbitterter Verteilungskämpfe und neuer Gewalt zu werden.

Doch in dem »symbolischen Kapitalismus« (Nancy Fraser) aus Wall Street, Amazon, Hollywood und Silicon Valley, der die globale Meinungsführerschaft übernommen hat, ist es schwieriger geworden, Orientierung zu geben. So ist in keiner anderen existenziellen Frage der Widerspruch zwischen der Bedeutung des Themas und der öffentlichen Aufmerksamkeit, die ihm gewidmet wird, so groß wie beim Friedensthema, bei der Warnung vor neuer Gewalt und Krieg. Deshalb braucht unser Land eine starke Friedensbewegung.

II.

Der Wiener Wirtschaftshistoriker Karl Polanyi hat den tiefgreifenden Wandel der westlichen Gesellschaftsordnungen seit Mitte des 19. Jahrhunderts mit seinen weitreichenden sozialen Folgen als Große Transformation beschrieben, der nicht nur durch die Industrialisierung, sondern auch durch politisches Handeln (oder besser Nichthandeln) verursacht wurde. Polanyi sah in der Herausbildung von Marktwirtschaft und Nationalstaat, zwischen denen es intensive Wechselbeziehungen gab, die Grundlagen einer Marktgesellschaft.

Die politisch gewollte Verselbstständigung der Wirtschaft hatte fatale Folgen. Das ungeregelte Marktprinzip wurde zur Ursache tiefer Krisen. Bei Polanyi hieß das: Die Marktkräfte erniedrigen die menschlichen Tätigkeiten, erschöpfen die Natur und machen Währungen krisenanfällig.

Der Umbruch war kein evolutionärer Selbstlauf, sondern die Folge freier Märkte, um einen möglichst hohen Gewinn zu erzielen. Die liberale Utopie dachte, dass Arbeit, Natur und Geld dafür zu nichts als Waren werden müssten, ohne Rückbindung an die Lebenswelten und Ökosysteme. Für Polanyi war das die »mystische Bereitschaft, die sozialen Konsequenzen ökonomischer Verbesserungen gleich welcher Art hinzunehmen«.

Das unkritische Vertrauen in die Selbstheilungskräfte der Märkte hatte nicht nur verheerende soziale Folgen, sondern führte in der ersten Hälfte des 20. Jahrhunderts zu den großen Katastrophen der beiden Weltkriege und der Weltwirtschaftskrise. Denn die Folgen der »Entbettung« der Wirtschaft aus gesellschaftlichen Bindungen führten zu »Doppelbewegungen«, wie Polanyi die sozialen Reaktionen nannte. Das »polanyische Pendel« kann in zwei Richtungen ausschlagen. In die Richtung des demokratischen Wohlfahrtsstaates, wie das 1933 mit dem New Deal in den USA geschah, oder in Richtung von Faschismus und Nationalismus, die in Deutschland zur traurigen Realität wurden. Erst nach diesem dunklen Kapitel konnte sich der Wohlfahrtsstaat durchsetzen, der bis Ende der 1970er Jahre stabil blieb. Seitdem kam es zum Aufstieg von Neoliberalismus und Finanzkapitalismus. Erneut erleben wir eine Große Transformation, vorangetrieben durch die Globalisierung der Märkte, die Digitalisierung der Welt und die neoliberale Politik. Der Wirkungsraum der Wirtschaft ist stärker geworden als der der Politik.

Aber auch der frühere sozialstaatliche Zustand kann nicht einfach wiederhergestellt werden. Wir überschreiten nämlich ökologische Grenzen des Wachstums. Seit der industriellen Revolution haben sich die Eingriffe in die Ökosysteme mehr als verhundertfacht, hat sich die Nutzung natürlicher Ressourcen in den Industriestaaten pro Kopf mehr als verzwanzigfacht, ist die Weltbevölkerung fast auf das Zehnfache angestiegen. Dadurch wurde in diesem Jahr der Welterschöpfungstag bereits Ende Juli erreicht, den Rest des Jahres lebt die Menschheit auf Kosten der Substanz. Um zu einem biologischen Gleichgewicht zu kommen, bräuchten wir 1,75 Erden. Die Frage ist, wie viel trägt und erträgt er noch, unser Planet?

III.

Wir sind Bürgerinnen und Bürger einer Welt, die neu begreifen müssen, wie eine sichere Zukunft aussehen kann. Siegfried Lenz warnte bereits 1998 bei der Verleihung des Friedenspreises, dass die Welt »am Rande des Friedens« stünde. Mehr noch: Die doppelte Gefahr einer Selbstvernichtung der Menschheit wird denkbar.

Die großen Hoffnungen der Charta von Paris 1990, in der sich die europäischen Staaten sowie Kanada und die USA auf das Ziel von Abrüstung und einem atomwaffenfreien Europa verständigt hatten, sind schnell wieder verflogen. Die atomare Gefahr wird wieder größer und damit ein großer Krieg, der alles vernichten kann. Genauso trübe sieht es mit den Rüstungskontroll- und Rüstungsverbotsabkommen aus. Die Aufkündigung des Verbots landgestützter Mittelstreckenraketen (INF), das Ronald Reagan und Michail Gorbatschow 1987 unterzeichnet hatten, war ein schwerer Rückschlag. Damit brach ein zentraler Grundpfeiler der internationalen Sicherheitsordnung weg, der zur Verschrottung von mehr als 2600 landgestützter Mittelstreckenraketen und Marschflugkörpern geführt hatte.

Gefährdet ist auch die Verlängerung des New-Start-Abkommens, das die nukleare Stabilität zwischen den USA und Russland regelt, die zusammen über mehr als 90 Prozent aller Atomwaffen verfügen, das europäische System der Rüstungskontrolle ist zusammengebrochen. Sogar in Westeuropa werden Stimmen lauter, die eine nukleare Option fordern. Die Gemeinschaft der Atomwissenschaftler hat die »Weltuntergangsuhr« bereits auf 100 Sekunden vor 12 gestellt.

Das Ende des menschlichen Lebens wird aber auch durch die Überlastung und Zerstörung der Natur denkbar, die in den letzten Jahrzehnten eine globale Dimension angenommen haben. Schon bald können weitere 1,5 Milliarden Menschen und die Industrialisierung zusammen mit der Erderwärmung, Peak-Oil, Peak-Water und dem Zusammenbruch landwirtschaftlicher Systeme Synergien auslösen, deren destruktive Folgen jenseits unserer Vorstellungskraft liegen.

In vier von neun Dimensionen des Erdsystems werden bereits planetarische Grenzen überschritten: Klimasystem, biologische Vielfalt, Stickstoffkreislauf und Süßwasserreserven. 1,5 °C, die erste kritische Marke der Erderwärmung, wird wahrscheinlich noch in diesem Jahrzehnt erreicht werden. Dennoch bleibt das Abkommen von Paris zum Klimaschutz von 2015 weit hinter dem Notwendigen zurück. Würden die Selbstverpflichtungen, die dort vorgelegt wurden, aber nicht sanktioniert werden können, umgesetzt, stiege die Erderwärmung bis zum Ende unseres Jahrhunderts immer noch um 2,8 bis 3,2 °C an.

Die Klimakrise spaltet die Welt und gefährdet in einem bisher unbekannten Ausmaß die nationale und internationale Sicherheit. Große Migrationsbewegungen und erbitterte Verteilungskämpfe um Wasser, Land und Flüchtlinge gehören zu den Folgen. Der alte Kolonialismus der Welt findet in einer neuen ökologischen Form seine Fortsetzung. Sicher wird ein reicher Teil der Welt versuchen, sich in grünen Oasen des Wohlstands von der unwirtlich werdenden Welt abzuschotten, auch mit militärischen Mitteln.

Notwendig ist ein grundlegender Kurswechsel, sowohl durch ein System gemeinsamer Sicherheit als auch durch die sozial-ökologische Gestaltung der Transformation, die zu einer nachhaltigen Entwicklung führt, den Zusammenhalt Europas stärkt und weltweit ausstrahlt. Die Wegscheide wird immer deutlicher: Entweder kommt es zu einer neuen Phase von Abrüstung, Entspannung und friedlicher Zusammenarbeit oder die globalen Konflikte münden in neuer Gewalt. Kurz: Die Atomwaffen sind der schnelle Selbstmord, der Klimawandel die langsame Selbstvernichtung. Es ist höchste Zeit, das Ruder rumzureißen.

Die Autorinnen und Autoren

Der Jugendrat ist Teil der Generationen Stiftung, die sich vorgenommen hat, junge und alte Menschen zu verbünden, um das System zu verändern. Die Stiftung war 2017 entstanden. Bekannter wurde der Jugendrat der Stiftung 2018 mit der Kampagne, »Wir kündigen den Generationenvertrag«. 2019 folgte das Buch »Ihr habt keinen Plan«. Die Autor*innen von »Ihr habt keinen Plan« für den Jugendrat der Generationen Stiftung und Mitinitiator*innen der Kampagne »Generationen-Rettungsschirm«.

Dr. phil. habil. Peter Brandt, Univ.-Prof.i.R., Historiker mit dem Kompetenzbereich 18.–20. Jahrhundert und politischer Publizist, Mitglied der SPD, Mitglied des Vorstands der Friedrich-Ebert-Stiftung, neuere Veröffentlichungen u. a.: »Freiheit und Einheit«, 2 Bd. (Neuruppin: Edition Bodoni 2017), »›Sozialismus mit menschlichem Antlitz‹. Der Aufbruch in der Tschechoslowakei 1968 in seinem historischen Umfeld« (J.H.W. Dietz 2021) (gemeinsam mit G. Weisskirchen).

Reiner Braun, studierte Germanistik und Geschichte sowie Journalistik. Er ist seit 1981 in der Friedensbewegung aktiv und war Geschäftsführer unterschiedlicher nationaler und internationaler Friedensorganisationen. Zurzeit ist er Executive Director des »Internationalen Friedensbüros (IPB)«, stellvertretender Vorsitzender der »Naturwissenschaftlerinitiative Verantwortung für Frieden und Zukunftsfähigkeit« sowie Mitglied der Kooperationsrates der »Kooperation für den Frieden«. Er engagiert sich in der Kampagne »Stopp Air Base Ramstein« und »abrüsten statt aufrüsten« und Autor verschiedener Bücher u.a. »Albert Einstein. Frieden heute – Visionen und Ideen« (Melzer 2005).

Dr. phil. habil. Michael Brie, Philosoph, Vorsitzender des Wissenschaftlichen Beirats der Rosa-Luxemburg-Stiftung und Mitglied der Partei DIE LINKE. Zuletzt erschienen von ihm »Transformation heißt, das Ganze wagen. Ökonomische Mobilisierung im Kampf gegen den Faschismus. USA 1940–1945« (VSA: Verlag 2021) sowie gemeinsam mit Jörn Schütrumpf: »Rosa Luxemburg – eine revolutionäre Marxistin an den Grenzen des Marxismus« (VSA: Verlag 2021).

Daniela Dahn, Schriftstellerin und Publizistin, lebt in Berlin und Mecklenburg. Zuletzt erschienen: »Tamtam und Tabu, Meinungsmanipulation in kapitalistischen Demokratien« (Zusammen mit Rainer Mausfeld) (Westend 2020), »Der Schnee von gestern ist die Sintflut von heute, Die Einheit – eine Abrechnung« (Rowohlt 2019), »Wir sind der Staat, Warum Volk sein nicht genügt« (Rowohlt 2014).

Friedrich Dieckmann, Schriftsteller und Publizist, lebt in Berlin. Zuletzt erschienen: »Beethoven und das Glück« (Edition Ornament 2020), »Kulturnation und Nationalkultur« (Europolis 2018), »Weltverwunderung/Nachdenken über Hauptwörter« (Quintus 2017).

Ralf Fücks leitet das »Zentrum Liberale Moderne«, eine Denkwerkstatt und Diskussionsplattform in Berlin. Zuvor war er mehr als zwei Jahrzehnte im Vorstand der Heinrich-Böll-Stiftung, der politischen Stiftung der Grünen. 1989/90 war er einer von drei Vorsitzenden der Grünen und von 1991–1995 Senator für Umwelt und Stadtentwicklung in Bremen. Zu seinen Veröffentlichungen gehören »Intelligent wachsen – Die grüne Revolution« (Hanser 2013), »Freiheit verteidigen – Wie wir den Kampf um die offene Gesellschaft gewinnen« (Hanser 2017) sowie der gemeinsam mit der Konrad-Adenauer-Stiftung herausgegebene Sammelband »Soziale Marktwirtschaft ökologisch erneuern« (2019).

Prof. Dr. oek. habil. Dieter Klein, bis 1997 Lehrstuhl Ökonomische Grundlagen der Politik an der Humboldt Universität, zuvor dort Prorektor für Gesellschaftswissenschaften, und Mitglied der Partei DIE LINKE. In den letzten Jahren erschienen:

»Regulation in einer solidarischen Gesellschaft. Wie eine sozial-ökologische Transformation funktionieren könnte« (VSA: Verlag 2022), »Zukunft oder Ende des Kapitalismus. Eine kritische Diskursanalyse in turbulenten Zeiten« (VSA: Verlag 2019), »Gespaltene Machteliten. Verlorene Transformationsfähigkeit oder Renaissance des New Deal?« (VSA: Verlag 2016), »Das Morgen tanzt im Heute. Transformation im Kapitalismus und über ihn hinaus« (VSA: Verlag 2013).

Michael Müller, Bundesvorsitzender der NaturFreunde Deutschlands, die 1895 aus der Arbeiterbewegung entstanden sind; war langjähriges Mitglied im Deutschen Naturschutzring, Mitglied des Deutschen Bundestags von 1983–2009 und in dieser Zeit Umweltsprecher der SPD Bundestagsfraktion, von 1994–2005 stellvertretender Fraktionsvorsitzender und zuletzt Parlamentarischer Staatssekretär im Bundesumweltministerium. Er war Mitglied in der Enquete-Kommissionen des Deutschen Bundestages und hat 1990 das weltweit erste Treibhausgasminderungsszenario verantwortet.

Helmut Schäfer, Philologe (Germanistik, Anglistik/Amerikanistik), ab 1964 Vorstandsmitglied der Jungdemokraten und der FDP, Unterricht an Gymnasien, 1967–1977 im Kultusministerium Rheinland-Pfalz, mehrfach Mitglied des FDP-Bundesvorstands, 1977–1998 Mitglied des Deutschen Bundestags, außenpolitischer Sprecher der FDP, im Auswärtigen Ausschuss 1978–1987, Vorsitzender der deutsch-sowjetischen Parlamentariergruppe. Vizepräsident Liberale Internationale, 1987–1998 Staatsminister im Auswärtigen Amt (Schwerpunkte u.a. Ost-Westbeziehungen, Konflikte Naher Osten, Südafrika, Zentralamerika, Auswärtige Kulturpolitik: Vertreter der Bundesregierung im Europarat und EU-Kulturministerrat, 1998–2004 Lehrbeauftragter Außenpolitik Humboldt Universität. Internationale Vortragstätigkeit und publizistische Beiträge.

Ingo Schulze, geboren 1962 in Dresden und dort aufgewachsen, lebt nach dem Grundwehrdienst, dem Studium der Klassischen Philologie in Jena, Theater- und Zeitungsarbeit in Altenburg und St. Petersburg, seit 1993 als Schriftsteller in Berlin. Seine Romane, Erzählungen, Essays und Kinderbücher wurden in dreißig Sprachen übersetzt und national wie international ausgezeichnet. Zuletzt erschienen »Die rechtschaffenen Mörder«, Roman (S. Fischer Verlage 2020); »Tasso im Irrenhaus«, Erzählungen (dtv Verlag 2021) und »Dresden wieder sehen«, Essays (Wallstein Verlag 2021).

Dr. Antje Vollmer (Politikerin, Autorin, Theologin) war 1983 Mitglied der ersten Grünen-Fraktion im Deutschen Bundestag, davon drei Jahre als Fraktionsvorsitzende. Mitinitiatorin des grünen »Feminats« (die gesamte Fraktionsführung bestand ein Jahr lang nur aus Frauen) Sie war 1994 die erste Vizepräsidentin der Grünen, die vom gesamten Bundestag gewählt wurde. Als Pazifistin und Autorin bearbeitete sie nach Ihrem Ausscheiden aus dem Parlament (2005) in diversen Büchern und Artikeln vor allem zeitgeschichtliche Themen gewaltfreier Strategien und Biografien aus dem Widerstand gegen den Nationalsozialismus (20. Juli und sozialistischer Widerstand).

Gabi Zimmer, Mitglied der Partei DIE LINKE, aus Thüringen stammende Europapolitikerin. Bis 2019 Europaabgeordnete und langjährige Vorsitzende der Fraktion linker Parteien im Europaparlament (GUE/NGL). Lebt heute in Brandenburg.

VSA: Das Chaos verstehen

Erhard Crome
Die ungeliebte Alternative
Rückbesinnung auf friedliche
Koexistenz für eine zeitgemäße inter-
nationale Politik
168 Seiten I € 14.80
ISBN 978-3-96488-111-3

Nötig ist nicht eine weiter verstärkte
Druckpolitik gegen China und Russland,
zu der die deutsche Außenpolitik inzwischen eigene Beiträge leistet, sondern
eine konsequente Politik des Friedens
und der Entspannung.

Prospekte anfordern!
VSA: Verlag
St. Georgs Kirchhof 6
20099 Hamburg
Tel. 040/28 09 52 77-10
Fax 040/28 09 52 77-50
Mail: info@vsa-verlag.de

Alex Demirovic/Andreas Fisahn/
Birgit Mahnkopf/Carolin Mauritz/
Christa Wichterich/Fritz Reheis/
Peter Wahl/Stefanie Hürtgen/
Thomas Sablowski/Ulrich Duchrow
Das Chaos verstehen
Welche Zukunft in Zeiten
von Zivilisationskrise und Corona?
224 Seiten I € 16.80
ISBN 978-3-96488-100-7

Klimakatastrophe und neuer Kalter
Krieg, Corona und Krisen,
wohin man schaut. Chaos plagt die
Welt. Die Autorinnen und Autoren klä-
ren Zusammenhänge und diskutieren
Wege aus dem Chaos hinaus.

www.vsa-verlag.de

VSA: Mehr von Michael Brie

Michael Brie
SOZIALISMUS neu entdecken
Ein hellblaues Bändchen von der Utopie
zur Wissenschaft und zur Großen
Transformation
160 Seiten (in Vorbereitung) | € 12.00
ISBN 978-3-96488-055-0

Was kann der Sozialismus in das Projekt einer Großen sozialökologischen
Transformation im 21. Jahrhundert
einbringen?

Michael Brie/Jörn Schütrumpf
Rosa Luxemburg
Eine revolutionäre Marxistin an den
Grenzen des Marxismus
Eine Veröffentlichung
der Rosa-Luxemburg-Stiftung
256 Seiten | Hardcover | Halbleinen |
mit einem Fototeil | € 16.80
ISBN 978-3-96488-103-8

Wer war Rosa Luxemburg? Anlässlich
des 150. Geburtstags blickten Autoren
der Stiftung, die ihren Namen trägt, auf
das revolutionäre Leben und politische
Werk der einflussreichsten Sozialistin
ihrer Zeit.

Prospekte anfordern!
VSA: Verlag
St. Georgs Kirchhof 6
20099 Hamburg
Tel. 040/28 09 52 77-10
Fax 040/28 09 52 77-50
Mail: info@vsa-verlag.de

www.vsa-verlag.de